我
们
一
起
解
决
问
题

学会说话

社交沟通中的刻意练习

张心悦 / 著

人民邮电出版社

北　京

图书在版编目（ＣＩＰ）数据

学会说话：社交沟通中的刻意练习 / 张心悦著. --
北京：人民邮电出版社，2020.3
ISBN 978-7-115-53386-9

Ⅰ. ①学… Ⅱ. ①张… Ⅲ. ①心理交往－口才学－通
俗读物 Ⅳ. ①C912.13-49

中国版本图书馆CIP数据核字(2020)第010973号

内 容 提 要

  人与人之间的无效沟通，不仅源于沟通技巧的缺乏，也反映出很多
人即使知道技巧却只能停留在空有理论层面的窘境。从心理学角度来说，
这是因为很多人不懂共情他人的感受，也不理解自己真正的愿望，所以
才会说出不该说的、容易使人错误理解的话。

  本书内容的基础是作者在沟通培训与心理学领域的从业经历及自身
经验的结合，按照沟通的目标进行情境划分，从拉近距离、精准表达、
知己解彼及化解冲突四个角度，讲解了如何赞美、如何倾听、如何拒绝、
如何与价值观不同的人打交道、如何转化对话中的角色等 28 个有关如
何说话、如何建立沟通的主题。

  本书适合那些希望减少沟通阻力，获得更多积极反馈，最终构建更
加和谐、默契的人际关系的读者阅读与学习。

◆ 著　　　　张心悦

　　责任编辑　姜　珊
　　责任印制　彭志环

◆ 人民邮电出版社出版发行　　北京市丰台区成寿寺路 11 号
　　邮编　100164　　电子邮件　315@ptpress.com.cn
　　网址　http://www.ptpress.com.cn
　　固安县铭成印刷有限公司印刷

◆ 开本：880×1230　1/32
　　印张：10.25　　　　　　　　　2020 年 3 月第 1 版
　　字数：180 千字　　　　　　　2025 年 11 月河北第 30 次印刷

定　价：59.00 元
读者服务热线：（010）81055656　印装质量热线：（010）81055316
反盗版热线：（010）81055315

各方推荐

创业是一个人的马拉松，也是一群人的彩虹跑。你既要能在一个人孤独向前时与自己对话，也要能在携手并肩中与他人沟通协作。学会说话，是每个人走向成功的必修课。

李建军

创客总部／创客共赢基金创始合伙人

张心悦是从组织沟通实战中走出来的"真把式"。百度公司每年上千亿元的业绩，是销售和客服人员一个个电话打出来的！张心悦作为原百度公司的优秀培训经理，总结出来的沟通理论、方法和工具，在百度公司得到了全面推广和应用，显著提升了百度公司员工的沟通技能。我很欣喜地看到经过进一步升华的这套有效的方法能够总结成书，久受沟通问题困扰的企业组织和个人，必能从中获得巨大的收益！

张劲

其时互联公司 CEO

原百度营销大学执行校长

恰到好处的沟通表达，永远都是一个职场人必备的职业素养；学会说话，可以带来意想不到的资源和机会。心悦老师为人亲和，幽默风趣，她不仅拥有丰富的职场经验和培训经验，专于职场沟通的培训课程，还对心理学有深入的研究，善于深入浅出，依据深层的心理机制解析沟通表达。心悦老师的课程抽丝剥茧，直指问题的本质，从场景中来，到心智里去，是难得的内外兼具的好课程。

赵昂

国内知名职业发展专家

畅销书《洞见》作者

说话，是人生最重要的技能。追根溯源，公司的凝聚力是领导者向追随者说话；家庭的幸福感是爱人对爱人说话；个人的自信心，是勇气向恐惧说话。学会说话，让你掌握命运的方向盘。

刘向明

面试心理学专家

CCTV2 年度雇主调查评审专家

会说话，能让人如沐春风；会表达，能让人茅塞顿开；会沟通，能让人豁然开朗！希望张老师的这三重境界，能帮助不同阶段的年轻人改变境遇、改变人生。

张文清

天使投资人

高德集团前在线业务总监

一个出色的职场管理者，必须善于表达，把工作思路、项目方案、工作成果等流畅、妥当地呈现给公司的领导、团队合作者。而张心悦老师的"交互式对话"就是在帮助你从情景出发，很有代入感地学习与人共情的说话方法。

亦恩

猎聘全国市场总监

在互联网公司，处理技术人员的人际沟通问题是 HRBP 日常最具挑战性的工作。从"人机互动"的思维模式转入"交互式"的人际对话，是提高组织沟通效率非常重要的课题。希望工程师们都能读一读张老师的书，读懂人心，学会说话，离成功更进一步。

韩绣霞

58 同城 HRBP Head

张心悦老师给我的表演创作带来了新的灵感。她擅长沟通学、心理动力学，我们在电影《周恩来与乌兰牧骑》的创作中有过愉快的合作（很少有演员跟心理老师合作）。她非常懂人的内在动力，心理学知识深厚。她教我运用情感经验和记忆，运用人生中发生的一切，帮我打开了一扇新的门，把对角色的理解挖掘得更深入。我们共同创作了一个非常棒的角色，内心情感饱满、强大有力。

丁宇辰

青年演员

电影《周恩来与乌兰牧骑》主演

言语的表达能力体现了个体的认知与心智化水平。在心理咨询中，对于语言的训练和整理也是对个体内心世界的理解整合的一种重要方式。张心悦老师多年来都致力于这方面的探索与尝试，通过本书提供简单易行的方式，将两者融会贯通。相信读者会通过本书的训练实现自我认知的全新拓展。

布菲

注册系统心理咨询师

　　说话是我们的权利，但能让别人认真倾听我们、认可我们却是一种本领。有用的话能帮我们做成很多事，但实际上，我们一直以来都让无用的话占据了我们的沟通。学会说话这件事将改变我们的说话方法，让我们的沟通更有效。

雾满拦江

　　说话的影响力，在很多人眼里是说服他人，但在这本《学会说话》中，与其说是说服，不如说是共情。理解他人后，我们将拥有一种全新的视角，共赢将成为沟通中的主题。

行动派 DreamList

　　说话的背后是一个人对他人与事实的认知。有时我们说不明白、听不清楚，其实就反映了我们对对方不够理解的问题，共情将帮助我们将这个问题正确拆解。只有如此，我们才能把正确的意思传达出去，把准确的信息接收回来。"交互式对话"就是在教我们这么做。

张鄂

灼见创始人

20 08年，我在百度负责近2000人的电话营销团队的培训工
作。这个团队的流动性很大，每个月都有300个新人入
职。我的工作是，把这些毫无销售经验的新员工，迅速培养成可以
促成交易的电话销售人员。

从那个时候开始，沟通训练成为我的功课。

我和我的团队，基于大量的一线工作，构建了一套"谈话体
系"，并根据戴尔的经典销售模型，开发了百度的"电话销售五步
法"课程。这些课程产生了重要的训练价值，让员工掌握了最基本
的"谈话套路"。业务部门就入职人员的"成交率"提出了新的要
求后，我们发现，仅会按"套路"说话远远不够。为了实现成交，
销售人员还需要具备在谈话中随机应变的能力。拥有这一能力的人
意味着其情商高，会倾听，会准确做出判断，会控制情绪，会有效
地把握时机且因人而异地表达。继而，我们引进了耶鲁EQ-i的情

商训练，并取得了显著的效果。

但是，仍存在一些问题，有15%左右的受训人员明显受到一些更深层次的问题的困扰。例如，"互联网真的有这么大的价值吗？""你让我们和客户做朋友，可是我能赚朋友的钱吗？""企业来购买这个产品，价格会不会太高？"这些影响成交的困扰涉及"谈话信念"，源自人的思维方式、价值观和深层信念系统。另外，还有5%左右的受训人员，他们的性格特点明显不适合高强度的销售工作。他们对拒绝的耐受程度低，对于"目标感"不感兴趣，其内在驱动力中不包括渴望对他人施加影响。这些都是在实际训练中显现出的很难改变的"人格特质"，我称其为"谈话心智"。日常的企业内部培训很难深入这些层面。

带着这些尚未解决的沟通问题，我转到心理学领域深造，继续寻找答案。我跟随徐凯文博士完成了对精神动力治疗和心理危机干预的学习，取得了心理咨询师的执照，成长为管理咨询顾问和临床心理咨询师。我扎进"潜意识"的冰山之下，去寻找沟通训练的"终极答案"，试图找到"谈话套路""谈话能力"背后的有关改变与提升"谈话信念""谈话心智"的解决方案。

2013 年，经历了国际航空公司的头等舱沟通课程开发、宜信集团中层管理干部沟通轮训、大庆油田代际沟通课题研究等管理咨询项目之后，我的"心智沟通"课程在第一届好讲师大赛中获得了企业大学的肯定，把沟通训练纵深引入"心智领域"。从 2015 年开始，我在日本电装公司进行"担当层级""一对一"的深度谈话训练，在课程中加入工作坊、结构性心理团体、教练模式，通过沟通训练改善学员从内至外的心智，至今这个项目的受训人员已经超过500 人。在大量实践中，涉及深度的"谈话信念""谈话心智"改变的"交互式对话"©模型也在 2019 年 10 月完成了版权注册，并在猎聘网平台公开进行首次发布。

至此，我终于把语言背后的秘密一一揭开，探索至心灵深处。

　　为了能让更多的人参与到"深入浅出"的沟通训练中，通过"语言的整理"获得自己内在心灵的全新成长，我接受人民邮电出版社编辑姜珊的邀请，开始尝试用写作和线上课程的形式向大家推广这种有效的说话系统。此外，我本人的关于书写训练的心理学图书和团体课程也将陆续上市与上线。沟通向外，书写向内。我把沟通课定义为"语言的整理"，而把书写定义为"心灵的整理"。

　　这本书，是一次总结。

　　我循着沟通训练一路走来，精选了 28 个既是重点又是热点，也是我的学员在日常训练中最常问的话题，并对其进行了剖析和解读。有些是有关"谈话套路"的，例如"如何搭讪""如何赞美""如何说话""如何倾听""如何提问"；也有一些涉及"谈话能力"，这里的谈话能力主要是指谈话情商，例如"冲动的管理""谈话中的情绪""如何表达拒绝"；也有讲解更具深度的"谈话信念"，例如"抬扛是怎么回事""价值观的问题怎么解决""语言背后的价值互动循环"，这些问题已经涉及思维方式和价值观的改变；还有一部分内容，涉及更内在的"谈话心智"，例如"对话中角色的认知""互联网文化对沟通的影响""暴力沟通模式""语言的自动导航"等。这些问题既相互独立，也彼此关联。读完本书后，你会发现，即使最简单的"搭讪套路"也涉及"情绪的管理""价值的调整"，也更需要你的内在拥有"欣赏的声音"。谈话的"术"和谈话的"道"并非分而治之，而是需要内外兼修、知行合一。

　　为了方便大家解决实际问题，我们把 28 个问题，按照沟通中的"目标"进行了"情境"的划分，确定了本书的篇章，分别是"拉近距离""精准表达""知己解彼""化解冲突"。这些沟通的目标，循序渐进，由易到难。大家既可以挑选自己最关心的问题，阅读某一部分内容，也可以连续地进行整体阅读。另外，在最后一篇中，我还特别介绍了"谈话的自动导航"和"书写的基本原则"。这两部分内容包含了"交互式对话""内观式书写"训练的基本方法。

这 28 个问题，就好像我曾经脚步匆匆，在海岸线上拾起的一颗颗贝壳。它们各具姿态，又遥相呼应。也许，某一颗会引领着你，经由语言之"贝"，开始探索和遨游心灵之"海"。

这本书，也是一个全新的开始。

十年沟通训练，我开始走出企业培训的课堂，进入大众的视野。

感谢陪伴过我的所有学员，是你们教会我如何讲话。

愿我们在未来更宽广的人生里，再次重逢。

目　录

第 1 篇　拉近距离 / 1

明白人一线藕丝牵大象，糊涂人千斤大锤抢苍蝇。

第 2 篇　精准表达 / 81

用三年学会说话，用三十年学会闭嘴。

第 3 篇　知己解彼 / 159

人与人不同，花有几样红。

第 4 篇　化解冲突 / 239

酒逢知己千杯少，话不投机半句多。

第1篇
拉近距离

明白人一线藕丝牵大象，糊涂人千斤大锤抡苍蝇。

为什么聊得挺"热乎"，
转身就把我屏蔽了？

如何快速地与人拉近距离？

攻略 *1*

万用连接公式：相似好吸引，沟通有捷径

如果你是一个外向的人，你要学会控制迅速建立关系的冲动，给一段关系一个"恰到好处"的开始。如果你是一个内向的人，你要学会露出真诚的微笑，给一段关系一个靠近的机会。

如何和陌生人快速拉近距离，这是很多人都期待自己能够提升的沟通技巧。这个本领，民间俗称"搭讪"。

搭讪，是建立人际关系的起点。由于对待关系的态度不同，外向的人和内向的人对搭讪的需求有着天生的差异。

心理学家在辨别一个人是外向还是内向时，参考的是这个人在关系中获取能量的方式。外向的人，需要在人群中获得能量。他需要不断地对外发射信号，和人互动，建立一段人际关系会让外向的人精力更旺盛，心情更愉悦。而内向的人则恰恰相反，这类人需要回到独自一人的状态，才能够恢复自己在人群和社会生活中消耗掉的精力。这类人一个人的时候，才能蓄满能量。所以，外向的人

似乎天生就擅长搭讪，而对于内向的人来说，搭讪会有些困难，他们甚至会对这种建立关系的方式有所抵触。

内向的人学习搭讪，需要先接受自己对搭讪并不热衷的事实，再去掌握一些事半功倍的搭讪技巧，让建立关系的过程变得更轻松。外向的人也要重新审视搭讪，以避免由于性格而导致的盲目搭讪的冲动，让冲动的搭讪变得更为理性。只有这样，搭讪才能够有始有终，"搭"得漂亮。

以下介绍四个万用公式，它们对内向与外向的人都适用，帮大家搭个有品质的讪。

搭讪预备式 = 展露热情 + 适度跟随

◉ 展露热情

心理学家曾做过一个实验，目的是找出影响第一印象的最重要的因素。他们发现，得体的"热情"是良好的第一印象的首要决定因素，而"冷漠"则是第一印象不好的首要原因。换句话说，如果你给别人的第一印象是热情的，即使你在行为上有所欠缺，也可能会被他人所忽略。相反，如果你给别人的第一印象是冷漠的，即使你聪明能干，他人也会忽略这些优点，对你产生不好的印象。

"热情"意味着给人一种友好和温暖的感觉。当今社会处于飞速发展的节奏中，越来越少的人会去等待"日久见人心"，所以慢热者在人际交往中总要吃点儿"亏"。要想搭讪顺利，还是要让自己"热得快"。我们可以先深呼吸让自己平静，然后展露出自信的微笑，用欣赏的眼光看向对方，热情就呼之欲出。

◎ 适度跟随

物以类聚，人以群分。"合群"意味着人们在某种意义上需要"同频"。

别人热情，你就多与其互动；别人沉静，你就少说话；别人快言快语，你就干脆利落一些；别人慢条斯理，你就千万别咄咄逼人。

在初次接触中，采取与对方相似的交流风格尤为重要。这不仅仅是建立有效沟通的前提，也体现出对他人的尊重。对话中语速的快慢，音量的高低，甚至身体语言及姿态、表情的跟随，都可以影响对方的潜意识，让对方感到谈话的顺畅与舒适，增加对你的接受度。当然，模仿和跟随不要夸张和过度，更不要和自己本来的风格背道而驰，东施效颦，得不偿失。

搭讪增强式 = 重复刺激 + 印象管理

◎ 重复刺激

中国有句话，"见面三分情。"熟悉的东西，会让人感觉安全；熟悉的环境，会让人感觉舒适；熟悉的人，自然也会让人感觉多几分亲近和喜欢。所以，增加一些和他人重复联系的机会，也有助于拉近距离。"我又出现了！"或者有针对性地推送一些对别人有价值及别人感兴趣的信息，制造小惊喜，这些都可以增强人与人之间的吸引力。两个人熟络起来，沟通自然就多了几分亲近，更容易打开心扉。

◉ 印象管理

有的人能旗帜鲜明地树立自己独特的"范儿"，一出场就与众不同。这种"独特印象"，也是建立人际影响力的重要技巧。然而，你这个独特的"范儿"，应该是别人心向往之，或者充满好奇和期待的，而非令人"羡慕嫉妒恨"。"独特印象"的打造，也要考虑场合，要符合时宜。否则，"木秀于林，风必摧之""偷鸡不成，反蚀一把米"的事情也不是没有可能发生。在一个读书会上，如果一位女作家把知性、柔和的气质，通过温和的谈吐和适宜的穿搭令人眼前一亮，一定会让人又羡又爱。然而，如果她此时大秀钻戒或奢侈品，恐怕就难免遭人"白眼"了。

搭讪单人式 = 寻找共同点 + 了解关注点

要想进一步建立信任，使沟通更深入，你应该寻找彼此的共同点，了解对方的关注点。

◉ 寻找共同点

种族、宗教、教育背景的相似都会拉近人和人之间的距离。

因为，相似的经历、教育和信仰往往会让人们有很多共同点。找到这些共同点，人们便会觉得彼此间更贴近了一些。

沟通中，为了寻找这些共同点，我们自然会在与他人的谈话中，去了解、"打探"。谈得好，亲上加亲；谈得不好，触及了别人的界限，结果就会适得其反。

★ 寻找共同点的禁忌

我们都知道，年龄、收入、经历、信仰、婚姻状况、是否有子女都属于个人的隐私，不应轻易去询问。

在办公室里，对公司、老板和其他同事的看法，也不应被轻易谈论。

★ 安全的攀谈话题

休闲话题：文艺、体育、旅游、爱好等休闲话题很容易让沟通变得轻松。这需要你在平日里增加自己的体验，聊起来才有感染力。

热门话题：需要平日留心收集时事热点、国内外新闻。要避免敏感的政治倾向和太过犀利的个人观点。

高雅话题：文学、艺术、建筑、历史等话题，这些话题特别适合与喜欢思考的朋友交流，但需要你对话题有基本的把握，切忌班门弄斧、不懂装懂。

相同经历：亲身的体验最容易引起共鸣。相同的人生经历，在搭讪中可遇不可求。不过，为了避免出现打探他人的隐私，有关经历的攀谈最好由自己先发起。例如，在聊天中不经意地说，自己是哪里人，家乡有什么风俗；自己在哪里读书，自己的本专业如何。一旦对方也有相同的经历，接过话题，愉快的聊天就开始了。

典型时刻： 每个领域都会有典型人物、重要事件及热议话题。如果我们能把这些人物和事件作为话题，也可以吸引对方的注意力。

万用话题： 如果实在不知道聊什么合适，"天气怎么样""路上顺利吗""吃了吗"等万用话题也可以。

◉ 了解对方的关注点，走进他的世界

很多人会问，在聊天的时候，聊什么话题才能让对方愿意聊下去。答案当然是聊别人擅长的、专业的、关注的东西。沟通中，为了达成共鸣，我们可以尝试进入对方所处的领域，一起探讨、交流，从而更加深入对方的内心世界。

可是，如果你对于对方关注的领域完全不了解，又该如何沟通呢？

★ 提问题

提问是最好的方式，因为大多数人都愿意讲述自己擅长和熟悉的内容。"您做这行多久了？""现在这个行业发展如何？"我们可以通过类似的一些问题，打开对方的"话匣子"，很自然地使彼此进入良好的沟通状态。你不要怕自己问的问题太幼稚、不专业，你充满好奇和请教的态度，是打开对方内心世界的钥匙。如果你能

提出有质量的问题，那么对方就更会对你刮目相看。

★ 找入口

推开对方世界的大门，总要有一个入口。这个入口最好是自然的、简单的、没有对错、无法拒绝的。例如，你参加一个聚会，与对方恰好站在一起，你就可以从你们身边的茶点开始聊起。你第一天上班，面对不认识的同事，你就可以从请教对方工卡如何使用聊起。到了客户那里，你可以从他的办公室的一个很特别的布置聊起，然后再慢慢地把话题打开。

★ 善类比

虽然隔行如隔山，但不同领域也会有相似之处，这些相似之处就容易引起共鸣。一个家庭主妇和一个项目经理，在多任务管理方面，都体会颇深。他们可以一起聊聊，忙不过来的时候怎么办。即使是完全不同的两个领域，存在差异化的地方，也会产生"互补吸引"。公务员和自由职业者如果能一起聊聊有关自由和保障的问题，想必彼此都会收获颇丰。

搭讪混合式 = 观察局势 + 无痕滑入

有时候，我们要让自己顺利地加入一个团体，这个对搭讪的技术要求就更高了。你不仅需要审时度势，还要能抓住机会，来去自然。

◉ 观察局势

沙滩上，几个五六岁的小孩围成一圈，他们正在堆一个沙堡。这时候，又有两个小朋友想加入游戏。其中一个选择蹲在这一圈小孩的外面，安静地看着他们玩。而另一个小朋友大声地喊着："我也要玩！"要求加入。但在没有得到其他孩子的理会后，他生气地用脚把沙堡踢散了。孩子们乱成一片。

小孩子们加入游戏的方式和成年人加入团体并没有什么两样。显然，那个踢散沙堡的孩子，并不是团体里受欢迎的人。有时候成年人也会用"踢馆"的方式加入团体。例如，炫耀自己的能力，想要指挥权，作为一个新人一上来就给别人提建议。这些都会导致搭讪失败。而明智的做法是，像第一个小朋友一样先蹲在边上看一看。你不妨选择一个比较边缘的位置，先观察一下整体的局势，判断这是一个什么主题的聚会，谁是团体中的领导者、核心人物，其中有没有什么规矩和习惯，成员们都在用什么样的方式相处。

◉ 无痕滑入

做到心中有数之后，你就要耐心地等待一个加入的机会了。

假如这个团体里有一个你认识的人，你可以先和他攀谈。让他把你引荐给更多的人。或者在这个团体里，刚好有一件事，你可以去帮忙。再或者团体里刚好有一个位置空出来，你可以填补这个空缺。比较幸运的一种情况是，团体中有人发现你，然后邀请你加入。

机会总是留给有准备的人。为了能让自己在机会到来的时候，很自然地就能加入团体。你需要做一些事。例如，让自己不要离群体太远。对团体正在讨论的话题，你能够保持同步思考与探讨，做一些和大家一样的动作，和大家一起笑。用一个放松的姿态，不经意地与团体里的成员有一些眼神接触，或者微笑及点头。当机会到来的时候，你就可以无痕滑入了。

■ 万用连接公式刻意练习任务书 ■

内向者任务书：搭讪预备式

展露热情	适度跟随
请你对着镜子练习，调整呼吸、微笑并注意眼神，让自己看起来足够热情。	请你在和他人对话时，有意识地把语调、语速、音量大小、表情、身体姿势调整到和对方接近。

我的刻意练习日记：

内向者任务书：搭讪单人式

寻找共同点	了解对方的关注点
请你根据沟通对象的兴趣爱好，关注几个常备的公众号，搜集一些对方感兴趣的话题，尝试和他聊一聊。	请你根据沟通对象的专业、关注点，准备几个问题。在聊天的过程中，看看哪些问题引起了他的兴趣。

我的刻意练习日记：

_____

_____

外向者任务书：搭讪增强式

重复刺激	印象管理
请你总结一下，对于新交的朋友，你可以采用哪些重复曝光自己的方法，以获得他的持续关注，又不会引起反感。	请你翻看自己近半年年来的微信朋友圈，根据整体印象，给自己发布的内容总结出三个关键词。这些关键词是否符合你想要的公众印象，并看看哪些内容是你的朋友们最关注的。

我的刻意练习日记：

_____

_____

外向者任务书：搭讪混合式

观察局势	无痕滑入
请你按捺住迅速加入群体的冲动，在团体外围先观察一下，总结出三个和你以往不同的进入团体的新方法。	请你在一个新的团体里，体验一下不通过外向的方式（热络的表达、热情的互动等）加入的感受，看看是否有新的发现。

我的刻意练习日记：

_____

_____

攻略 2
沟通风格画像：把准脉才能开对方

在沟通中，你能适度放下自己的"范儿"，找到与别人互动的方法，不仅不会让你失去自己，还会让你更容易被人接受，从而更好地达到沟通的目的。

每个人都会有一些聊得来的朋友。然而，在现实的工作和生活中，我们也难免会遇到让人感觉不好相处的上司、气场不合的客户、别扭的队友……我们没法绕开这些和我们不投脾气的人。有时候我们为了坚持自己，总会和他们产生摩擦。大家对此都很头疼，到底要如何与和自己不合的人沟通呢？

每个人都有自己的脾气秉性及基于此展现出来的沟通风格。越是有个性的人，这个风格就越明显，自然也就越容易和别人发生冲突。其实，如果你能掌握沟通风格的规律和窍门，与他人相处就会变得容易多了。这就好像你只要把准了对方的"脉"，自然也就能轻松地开出与他相处的"方"。

给沟通风格把脉

按照在沟通中释放能量的方式不同，对人对事的关注点不同，我们可以把人的沟通风格分为以下四种类型。

◉ 能量外放 VS 能量收敛

一些人能量外放，他们决策快、性子急、善用手势、语气自信坚定、喜欢主动发言、出现分歧时咄咄逼人、善于控制局面。

另一些人能量收敛，他们决策慢、比较含蓄、更多地附和他人、不太主动发言、喜欢阐述细节。

◉ 关注人 VS 关注事

一些人关注人，他们感性、轻松、热情、灵活、喜欢交友、表情丰富、关注他人的感受、不介意身体的接触。

另一些人关注事，他们理性、严肃、正规、就事论事、感情不外露、不太关注他人的感受、介意并避免身体接触。

如图 2-1 所示。

```
                    人
                    ↑
        隐形人  │  开心果
                │              外放
    ────────────┼────────────→
        放大镜  │  机关枪
                │
```

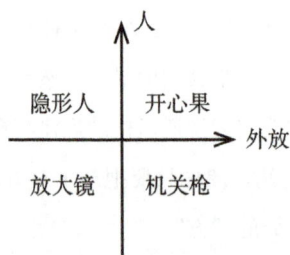

图 2-1　沟通风格象限

- 内敛关注人，隐形人；
- 外放关注人，开心果；
- 内敛关注事，放大镜；
- 外放关注事，机关枪。

机关枪

◎ 人物素描

这种类型的人大胆、直接、果断、有竞争力、有攻击性、自我激励、坚持不懈。他们是问题的解决者，追求效率和支配地位，但缺乏耐心，会忽略别人的感受。

典型的情绪特征：愤怒。

◎ 行为表现

- 经常打断他人，与他人抢话说；
- 经常匆匆忙忙，总是感觉有许多事情做；
- 说话不顾及别人的感受，有时候显得无情、无礼；
- 单向沟通为主，他说别人听；
- 把自己的意见表达为毋庸置疑的事实；
- 关注解决的方案，喜欢结果，不喜欢太多细节和过程。

开心果

◎ 人物素描

这种类型的人自信、热情、乐观、坦白、友善、好交际、有魅力、有说服力、追求关注、看重关系、喜欢掌声、很有感染力，他们害怕失去声望（没面子）、粗心大意、有些情绪化。

典型的情绪特征：乐观、不稳定。

◎ 行为表现

- 喜欢交谈和交友；
- 很容易和他人打成一片；
- 能吸引关注，制造热闹的话题；
- 溢于言表地同意他人的看法；
- 不愿谈及伤感的问题；
- 以推销和鼓动的方式进行沟通。

隐形人

◎ 人物素描

这种类型的人亲切、放松、稳定、有耐心、善解人意、乐于跟从、内心倔强，是一个很好的倾听者，但也容易陷入被动、难以做出决策。你很难记住他们的特点。

典型的情绪特征：压抑情绪（他们自己可能都没意识到）。

◉ 行为表现

- 谨慎行事；
- 认真倾听；
- 被询问时才回答；
- 讲话平静而有条理；
- 喜欢谈论自己熟知的事物；
- 喜欢单独交谈，不喜欢对众人发言。

放大镜

◉ 人物素描

这种类型的人谨慎、谦恭、低调、严谨、高标准、精细准确、有分析力、追求完美，但也难免会过于苛刻，过多关注负面信息，因而常显得悲观。

典型的情绪特征：害怕、焦虑。

◉ 行为表现

- 做事井井有条，注意细节；
- 慢热，不太喜欢迅速就与人亲密接触（特别是肢体接触）；

- 喜欢书面沟通；

- 沟通中喜欢摆事实、讲究逻辑；

- 信赖数据，不太相信感受；

- 考虑太多，抓不住关键；

- 不发号施令，依规矩办事。

给沟通风格"开方"

◉ 与"机关枪"一起"行动"

机关枪最讨厌磨磨唧唧、行动慢、不听指挥的人。与机关枪互动可以尝试：

- 开门见山、直切主题；

- 不妨让他们掌握主动权；

- 提高效率，适度加快语速，迅速响应；

- 表示支持他们的意愿和目标；

- 方案简洁明确，便于选择；

- 坚持双向沟通，表达自己的想法和感受；

- 重视结果与机会，不要拘泥于过程与形式。

如果你有一个机关枪型的上司：

请你忽略他的"不近人情"，也不要被他强大的气场所震慑。其实他是一个就事论事的领导。他喜欢你有事直说，他也会给你一个很明确的答复。

如果你有一个机关枪型的下属：

你要给他足够的空间，自我施展。他的自我激励能力是一流的。只要是他认定的目标，他一定会坚持不懈地达成。你只需要给他提供支持。当然，你也要成为让他佩服的人，关键时刻能与他一起扛事。

如果你有一个机关枪型的客户：

你要给他足够的决定权。他不喜欢你绕弯子或兜圈子，也不喜欢你指手画脚，帮他出主意，更不用说替他做决定了。你需要精准地理解他的需求，然后简单直接地表达。哪怕是请他帮个忙，直说也无妨。

◉ 与开心果一起"high"起来

开心果最讨厌泼冷水、不给面子、没趣的人。

与开心果互动可以尝试：

- 对他们的观点、看法及梦想表示捧场；
- 理解他们不会三思后行，说话没有逻辑；
- 要热情、随和、合群、大方一些；
- 不要当众批评他们，或者让他们下不来台；
- 不让他们过多参与细节琐事；
- 要懂得他们是善意的。

如果你有一个开心果型的上司：

你要知道你的领导很注重氛围，你的领导也需要积极的赞美和欣赏。注意这不是要你溜须拍马，他明白这其中的区别。因为他也是非常愿意去欣赏他人的。如果你能积极而又稳重，一定会受到他的重用。

如果你有一个开心果型的下属：

请你多多表扬他，宽容他偶尔的"不靠谱"，丢三落四的毛病，他真的已经尽力了。他热情阳光，可以使整个团队的氛围更活跃。当把任务交给他时，你一定要盯紧他交付的时间，因为他忙起来容易忘记目标。

如果你有一个开心果型的客户：

请你使劲地夸他，说不说产品不重要，重要的是开心。他就是那个很容易冲动消费的类型，很多时候，他买的是心情。

◉ **与隐形人一起"放松"**

隐形人一般来说包容度很强，很多人都能适应。但是你不要给他太大压力，逼他做决定，也不要轻易相信你已经说服了他。与隐形人互动可以尝试：

- 放慢节奏、积极倾听，多鼓励他们说；
- 为了达成沟通目标，帮助他们做个决定；
- 主动表示对他们情感的关注；
- 不要急于获得他们的信任；
- 有意见时，多从感情角度去谈。

如果你有一个隐形人型的上司：

隐形人当起领导，都是虚怀若谷、无为而治的大家风范。他会很亲和地对待每一位下属。他很宽容，但是你不能触碰他的底线。他的内心往往非常有原则。

如果你有一个隐形人型的下属：

请你多多关注他的感受。因为他是一个容易被忽略的人。而他也恰恰是非常需要归属感的。让他知道，你对于我们团队很重要，会让他安心工作，任劳任怨。在与他沟通时不要显得太强势，也不要太激烈，不要节奏太快，这都会让他本能地排斥，结果适得其反。

如果你有一个隐形人型的客户：

有时候你会觉得这样的客户最容易接触，但是却最难与其达成交易。他们很亲和，待人也好，却犹豫不决。有时候他们是因为拒绝的话说不出口，有时候是他们自己都不知道到底怎么做决定。

◉ 与放大镜一起"研讨"

放大镜对所有人都会保持警惕和距离。

与放大镜互动可以尝试：

- 不要突然靠得太近，套近乎、一上来就夸奖会让他们觉得你不靠谱；

- 要知道他们很敏感，切忌说话前后不一致；

- 提出周到、有条不紊的办法，以及详细的证据论证；
- 列出不同情况的长处与短处，让他们去分析和做决定；
- 说服他们最好的方法就是指出逻辑的错误，列举他们不曾了解的数据、信息；
- 对他们提出的负面信息、不足之处要有心理准备。

如果你有一个放大镜型的上司：

请你一定要多读几遍你提交的报告，因为这样的上司是一个"细节杀手"。再小的细节都逃不过他的法眼。而更悲剧的是，他会因为你不注意细节而认为你工作态度有问题。最好的方式是多给他们提供客观的数据和信息，他们更相信自己的判断。

如果你有一个放大镜型的下属：

你要理解他们对自己的要求非常高，他们动作慢不是因为偷懒，而是他们还没有令自己满意。甚至有时候，他们是因为一直在构思和思考，而忘记了行动。

如果你有一个放大镜型的客户：

他们是最难说服，也是最好说服的客户。因为他们更相信客观的信息和数据。所以你要多花心思放在这些准备上，而不必把重点放在经营客户关系上。用热情去感染他们也是一个不错的办法，不过别忘了，无论如何你都必须让他们认为你是一个关注细节、靠谱的人。

小测试

人际沟通风格测试

请做以下 A、B 两套题。如果左边的描述更接近你的实际情况，请给自己 5 分以下；如果接近右边的描述，请给自己 6 分以上。请如实回答，以保证你对自己有更加准确的认识。

答完每套题后，将分数相加，得出该套题的总分。

A 套题总分：

1	面对风险、决定、变化时反应迟缓谨慎	1 2 3 4 5 6 7 8 9 10	面对风险、决定或变化时反应迅速从容
2	与大伙一起讨论时不常主动发言	1 2 3 4 5 6 7 8 9 10	与大伙一起讨论时经常主动发言
3	表达时经常使用较委婉的说法，如："根据我的记录……""你可能认为……"	1 2 3 4 5 6 7 8 9 10	表达时经常使用强调式的语言，如："就是如此……""你应该知道……"
4	通过阐述细节内容强调要点	1 2 3 4 5 6 7 8 9 10	通过自信的语调和坚定的体态强调要点
5	不愿意发表意见	1 2 3 4 5 6 7 8 9 10	愿意发表意见
6	耐心、愿意与人合作	1 2 3 4 5 6 7 8 9 10	性急，喜欢竞争
7	与人交往讲究礼节、相互配合	1 2 3 4 5 6 7 8 9 10	喜欢挑战，控制局面
8	如果没什么大不了的事，意见有分歧时，很可能附和他人的观点	1 2 3 4 5 6 7 8 9 10	意见分歧时，愿意坚持自己的观点，并要辩论出究竟

（续）

9	含蓄，节制	1 2 3 4 5 6 7 8 9 10	坚定，咄咄逼人
10	握手时较轻，不时常注视	1 2 3 4 5 6 7 8 9 10	紧紧握手，喜欢目光注视

B 套题总分：

1	戒备	12345678910	坦率
2	多依据事实、证据做出决定	12345678910	多根据感觉做出决定
3	就事论事，不跑题	12345678910	谈话时不喜欢专注于一个话题
4	讲究正规，感情不外露	12345678910	轻松、热情、能表达情感
5	喜欢干事	12345678910	喜欢交友
6	讲话或倾听时表情严肃	12345678910	讲话或倾听时表情丰富
7	表达感受时没有非语言方面的反馈	12345678910	表达感受时愿意给非语言的反馈
8	喜欢听现实状况、亲身经历和事实	12345678910	喜欢听梦想、远见和概括性信息
9	在工作或社交场合需要时间去适应	12345678910	在工作或社交场合中适应快
10	避免身体接触	12345678910	喜欢身体接触

你的类型和建议：

如果你的 A 卷与 B 卷的得分都高于 55 分，你很可能是开心果型选手。

◉ 沟通中的优势：热情，你是天生的小太阳。

◉ 沟通中的建议：低调，给别人表现的机会。

如果你的 A 卷得分高于 55 分，B 卷得分低于 55 分，你很可能是机关枪型选手。

◉ 沟通中的优势：直接，你是天生的领导者。

◉ 沟通中的建议：动情，关注别人的感受。

如果你的 A 卷得分低于 55 分，B 卷得分高于 55 分，你很可能是隐形人型选手。

◉ 沟通中的优势：亲和，你是天生的陪伴者。

◉ 沟通中的建议：勇敢，学会说"不"，不要拖泥带水。

如果你的 A 卷与 B 卷的得分都低于 55 分，你很可能是放大镜型选手。

◉ 沟通中的优势：严谨，你是天生的智者。

◉ 沟通中的建议：乐观，学会欣赏，多看优点和可取之处。

■ 沟通风格画像刻意练习任务书 ■

在你周围的人中，分别找到典型的这四类沟通风格的人，然后进行一个采访。

姓名	风格分类	他的哪些特点最符合哪个分类	他自己觉得哪些描述和他最贴切	他喜欢（不喜欢）和什么样的人打交道

攻略 *3*

超级点赞：你离靠近就差一句话的距离

> 给别人点赞，不仅是一个技巧，更是一种能力。给别人点赞的人，不仅唤醒了对方"自我实现"的预言，而且让自己的心灵也获得了同样的美好力量。

每个人都喜欢被赞美

罗伯特·罗森塔尔（Robert Rosenthal）是一位美国的心理学家，他做过一个经典的心理学实验。

实验中，他把一批学生随机分为两组（实验组与对照组），告诉老师们：你拿到的这份学生名单都是经过测验显示其资质出色的高智商学生。而另一组只是普通学生。一段时间之后，神奇的事情发生了，被预言资质出色的实验组的学生们，成绩明显高出对照组的学生。而实际上，这份预测并没有什么根据。罗森塔尔等人将这项实验中发现的现象称为罗森塔尔效应，也被称为期望效应。

这一效应对小白鼠也适用。在实验室里，一组研究生被告知，自己做实验用的小白鼠很聪明，各项指标都非常好。而另一组研究生却被告知，自己的小白鼠很一般，动作迟钝。于是，在训练小白鼠走迷宫的练习里，又是被告知"聪明"的那一组小白鼠表现得更加出色。

到底发生了什么呢？原来，当研究生知道自己的小白鼠聪明时，他们会温柔而又充满期待地对待小白鼠。他们会经常说鼓励的话，给小白鼠奖励，充满热情地和小白鼠一起做练习。而另一组研究生则不同，他们对小白鼠持怀疑、抱怨的态度，甚至会发脾气。因为他们觉得，随便练习一下就可以了，反正它们也做不好。原来小白鼠也一样需要被点赞。

罗森塔尔的这个实验告诉我们，外界的期望、信任、赞美可以影响一个人的表现。这好像是一种唤醒方式，成为接收者自我实现的预言。

给出赞，孩子气与成年人的分水岭

◉ 儿童的心理：万能的自我

✓ 无条件地需要被保护

婴儿是无法自己生存的。在生命的最初阶段，人需要被无条件地保护。只有有了食物供给、温暖的拥抱、安全的环境，婴儿才能感觉到安全，不会被抛弃。随着年龄的增长，带着这份安全感，孩子才能开始探索更大的社会空间。一开始，婴儿的探索可能只是楼下的一个花园，然后是走进了幼儿园，再然后上学，尝试一个人的旅行和"离家出走"，直到可以独立地走入社会，面对更广阔的世界。

✓ 无条件地需要被关注

孩子从小就需要被关注，这不仅保证了他们的需要可以被随时满足，还帮助他们不断地增加自我确定感。我们起初的"自我"是通过他人的回应和关注来不断地建立与确认的。我的要求被回应了，我的需求被满足了，我被温柔地对待着，我被欣赏的目光关注着，从而孩子在这些关注的累积下，凝聚出了一个具有自我价值感的"自我感觉"。

✓ 无条件地需要被认可

当孩子蹒跚学步，开始去行动、去尝试、去探索时，他就需要被认可、被肯定。在即使可能失败的尝试中，被允许及被支持。在遇到挫折甚至犯错的时候，被支持及被接纳。从而，锻炼出自我肯定和自我效能感，最终拥有自信心去面对成人世界的各种挑战。

✓ 无条件地需要被负责

孩子是没有办法自己负责的，监护人就是为他们负责的主体。到了学校，老师也成为他们的监护人。他们甚至不知道，什么是需要自己去承担的，也不会考虑自己行动的后果。随着孩子一点点成长，慢慢地获得了主体感，随之而来的就是自我负责的精神。从自己穿衣服，收拾书包，做家务，为自己选择图书，自己填报志愿，直到为自己的人生独立地负责。

青春期是我们依靠他人的力量到依靠自己的力量的过渡期，所以这个时期总会存在很多震荡。如果父母在孩子童年期对于孩子的心理能量给予不足，缺乏必要的关注、认可，或者父母本身仍保有很多孩子气的行事方式，无法作为父母负起全部责任，那么孩子的成年化过程就会困难重重。

这样成长的人总需要向外界寻求保证、寻求认可、寻求关注，无法为自己做决定，无法为自己的选择负责。

◉ 成人的心理：社会的自我

✓ 保护自己与适度妥协

在成年以后，我们不再一味地寻求外界的保护，而是学会了保护自己。从衣食住行到人际交往，我们建立自我的界限，学习去维护自己的权益，同时我们也要尊重他人的利益，即便为自己争取利益也会适度对他人做出妥协。

✓ 关注他人的需要

我们成年人知道没有人会像父母一样无条件地满足我们，所谓："不帮我们是本分，帮助我们是情分。"我们开始通过自己的努力去满足自己的需要，和别人建立友谊、交换价值。能够开始关注到他人的需要，这不仅仅是为了实现自己的目标，也是一种拥有成熟的自我力量的表现。

✔ 接受自己的不完美

成年人不再认为自己是万能的、全能的，我们知道哪些是自己的优势，也知道哪些是自己的局限。不再妄自尊大，也不会妄自菲薄。量力而行，接受自己的不完美。于是，成年人也不再那么需要通过外界的认可和标准，来判断自己的实力和行为。

✔ 形成自发的动机

能成为一个具有"自由意志"的独立的成年人，本质上就是实现了自我负责。我们自己做决定，自己承担后果。知道需要付出哪些努力，也知道要付出哪些代价。自动自发地去做事，为自己工作，创造属于自己的生活。

并非一个人长大后，他就只具备成人的自我，儿童的自我也会在我们的整体人格中占有一定比重。其实每个人即使成年以后，也都会保留自己儿童的部分，也都有需要被关注、被认可的时候。而孩子有时候也有"小大人"的一面。所以，作为成年人，我们一方面要自我强大，才能够有力量，对自己的儿童自我做出关注、回应和认可；另一方面，我们也要在他人需要被关注、被认可的时候，给予其回应和支持。有时候，你的赞美是在表达对他人儿童自我的关注和认可，有时候你是在表达成年人之间彼此的欣赏和支持。

无论是哪一种"点赞"，都需要你的内心拥有成人的力量。

做木匠，让你的内在换个眼光

在过去很长一段时间里，我们不习惯相互"点赞"。在我们想去尝试的时候，可能听到最多的是"你要有自知之明哦"；在我们取得成绩后，马上有人提醒我们"骄傲使人落后"。

我们强调批评与自我批评，我们把这种互动方式称为"谦虚使人进步"。我们擅长夸别人家的孩子，而对自己家的孩子，总是害怕"夸坏"了，甚至当别人夸自己的孩子的时候，也要表达"我们家孩子没你说的那么好"以展示自己的"涵养"。这不仅不利于孩子的成长，也不利于成年人的自我成长。一个充满对自己的批评的心灵，是没有力量的，过度的自我批评不仅会让自己对他人的赞美变得客套而流于形式，也会增加自身的无价值感。

在这样的文化氛围下，人们容易养成医生的眼光：挑毛病、找问题、补差距，不断向标准看齐。不仅专注于自己的缺点，也爱挑别人的缺点。每个人都成了发现问题的高手，认为"不对的""不好的""比别人差的"通通都是"病"，必须穷追猛打，"治好"为止。这种思考方式会让我们的生活充满遗憾。

我们该补上一课，就是学习用木匠的眼光看待他人。在木匠的眼里，所有的材料没有长短优劣，只有放在哪里更合适，他总能看到每一种材料的好处与用处。

如果你想学会"点赞"，一定要给自己的内在换一个木匠的眼光。

你不仅要用木匠的眼光去看待别人，更要用木匠的眼光看待自己。

★ 优缺点的转换练习

来看看以下不同的说法，你会有什么感受？

医生：我脾气太急，心里藏不住事。

木匠：我工作雷厉风行，当天事情当天解决。

医生：我很固执，有时过于主观。

木匠：我很有自己的想法，能够坚持自己的决定。

医生：我比较粗心大意，不拘小节。

木匠：我关注目标和结果，抓大放小。

医生：我生来胆小、怕羞，没见过大世面。

木匠：我传统、严谨、忠诚度很高。

医生：我从小就喜欢异想天开，不知天高地厚。

木匠：我思维活跃，敢于冒险，能够挑战权威。

医生：我比较懒。

木匠：我知道怎么让自己舒服。

让赞美自然地发生

◉ 赞美的第一个误区是"太假"

当我们意识到社交生活越来越需要赞美时，我们可能会先去学习很多赞美的话。不料有时候，话一出口，自己都觉得这些话听起来有满嘴讨好、奉承的味道，让自己尴尬不已。还有很多时候，为了显得自己合群，我们不得不去随声附和他人的赞美，但有时连我们自己都觉得"太假"。

◉ 赞美的第一个要诀是"真"

我们要建立能够给出真诚赞美的内心力量，做木匠不做医生，我们的内在要具备赞美的眼光。而由内而外发出的赞美，在外会表现在你的"表情包"上：你的眼神、你的微笑、你的掌声，以及你浑身上下散发出的"我真为你高兴"的气息。这些都会传递出"点赞"的"真"。所以，你要对着镜子，从表情开始练起。不合时宜的"赞美"，永远不如一个"恰如其分"的"微笑"。

◉ 赞美的第二个误区是"太大"

很多赞美，虽然真诚，但是对方却很难感受到，这又是为什么呢？

"你很有气质。"

"你太优秀了。"

"你们这个节目做得太好了。"

"你是个好妈妈。"

诸如此类，你点赞的主题太大了。

当我们点赞的主题太大时，就算我们是真诚的，对方也会感觉有一些"怪怪"的。我们要学会把"点赞"落地。

◉ 赞美的第二个要诀是"实"

落实

点赞要从具体的细节入手，点就要点得"证据确凿"。

"你这条围巾，配上这一套小西装，真是特别显气质。"

真实

点赞要从真实的事情出发，点就要点得"情境再现"。

"上一次，领导连夜要一个方案。大家都急得不知道怎么办。你不仅把活接下来了，而且在那么短的时间内把 PPT 做得又全面又有深度。我看到里面很多数据一定是你平时特别留意积累的。你真是太优秀了。"

证实

点赞要包含独到的发现，点就要点得"豁然开朗"。

"我看过很多关于人物的访谈片，你刚刚剪辑好的这一期，是我看过的最有感觉的。你总是能让我们看到被访问的人，在平日里最容易被人忽视，却又最能体现他个性的画面。我想这是因为你的直觉优势。"

充实

点赞要能给别人正面赋能，点就要点得"妙手回春"。

"你总是说你的工作太忙，没时间陪伴孩子，我听到了很多的内疚，我相信你一定是想做个好妈妈。"

◉ 赞美的第三个误区是"太空"

对孩子的欣赏和赞美，很多人是从西方的育儿观念里得到启蒙的。"你真棒"成了幼教和妈妈们的口头禅。妈妈们对这三个字视如珍宝，每天多说几个"你真棒"，就像给孩子补足了心理的钙片和维生素。可是"你真棒"这三个字，说多了也有副作用。"你真棒"是一种正强化的奖赏，这种奖赏会随着使用次数的增加而边际效用越来越低。也就是说，说得越多，越没用，唤不起孩子的成就感了。这是为什么呢？因为，只有这三个字，"点赞"的内容就会变得非常空洞，甚至变成了走形式。

◉ 赞美的第三个要诀是"情"

解决赞美的空洞，除了以上讲到的要有具体的内容以外，最重要的是要学会用"情"。情是"感觉"，情是"认同"，情是在传递一种"认同的感觉"。我们在哪一个具体的地方对他人有着"认同的感觉"。这个认同会激发你们内在同样都具有的美好品质，真诚期待，赞美者与被赞美的人会变得惺惺相惜。

对于用情的赞美，你可以使用以下话语。

"你的……让我想起……真是太好了。"

"你的……特别……我好羡慕 / 喜欢啊。"

"今天你的……很不一样啊……"

"我知道你这样做是为了……你真是了不起 / 太棒了。"

"你做了……我特别感动。"

❧ 超级点赞刻意练习任务书 ❧

请在你的工作和生活中，尝试使用以下四个点赞方法，并记录下你的语言和对方的反应。

1. 落实法，证据确凿
你点赞的具体细节是 _____

对方的反应是 _____

2. 真实法，情境再现
你点赞的真实事件是 _____

对方的反应是 _____

3. 证实法，豁然开朗
你点赞的独到视角是 _____

对方的反应是 _____

4. 充实法，妙手回春
你点赞的正面赋能是 _____

对方的反应是 _____

攻略 4

情绪平复三板斧：冲动是魔鬼，管好你的嘴

谁都会冲动，但是，能真正理解自己的冲动，有效驾驭自己的冲动，却不容易。我们要学会把自己的每一次冲动，都转化为改变的契机。

遭遇暴风雨

暴雨过后，小区的光缆受到影响，导致很多宽带用户无法上网。客户服务中心的电话，顿时成了热线。

"怎么回事啊？我们家怎么不能上网啊？"

"什么时候才能修好啊？"

"你们就知道说维修中、维修中，到底什么时候能上？"

"我不想听你说，找你们经理来！"

一名客服姑娘刚刚处理了一个客户投诉，因为客户的态度十分恶劣，她觉得很委屈，放下电话，抱怨了起来。

"这些客户都怎么回事啊？怎么跟他们讲不明白道理呢？"

"凭什么让我们受这些委屈啊！公司的应急机制没做好，却让

我们接电话和受气。"

这时，经理走上前去，拍拍姑娘的肩膀，语重心长地说："谁工作中不会受点儿委屈呢？想开一些，你代表的是公司，要考虑到公司的利益。"

客服姑娘不服气："那公司考虑过我们的利益吗？"

经理的威信受到了挑战，也开始有了情绪："你怎么能这样说？公司怎么没考虑大家的利益了？"

在领导面前，客服姑娘的情绪发泄不出来。无奈之下，她开始消极怠工。

经理见状很生气，当着大家的面，吼了起来："这就是你的工作态度？好好反省反省，别让你的情绪影响到客户！"

"我不干了！"客服姑娘摔掉耳机，起身走人。

整个电话中心的空气瞬间凝滞。

电话依旧响起。

客户的情绪，依旧"扑面而来"：

"哎，你们怎么回事，到底什么时候才能修好！"

客户不是不明白暴雨会对电信设施产生影响，这是不可抗力；客服不是不懂得有情绪的客户需要体谅，这份工作就是要受点委屈；经理当然也不是不知道员工的难处，在员工有情绪的时候，并不是开导员工的最好时机。可是，因为有了"情绪"，我们就好像变成了另一个人，理智突然停止工作。

这是因为我们遭遇了情绪的"劫持"。

情绪的劫持

在我们的大脑里，主管"理性"的部分和主管"情绪"的部分，在正常情况下，是相安无事、彼此配合运作的。然而，在一些特别的情况下，主管"情绪"的大脑会突然爆发巨大的情绪能量（往往是负面的情绪），在主管"理性"的大脑尚未察觉之前，便先斩后奏地开始指挥我们做出偏激的行动。这种巨大的情绪力量，会打断"理性"的大脑工作，这时候我们根本来不及思考，人本能地冲动起来，要么采取充满攻击性的行为，要么采取完全逃避的行动。我们把这种现象称为情绪的"劫持"。换句话说，就是"情绪"把你的大脑"绑架"了。这时候，你瞬间变成了一头冲动的"困兽"。

客户的利益受到了损害，他焦急、迁怒于人、需要发泄；客服姑娘受到了"负能量"的袭击，需要得到理解，却被"开导"，她很委屈，转而愤怒；经理受到了员工的挑战，影响了自己的权威，失去了对局面的控制，只能强势地表达愤怒情绪，以期能够威慑他人。这些强烈的情绪感受，把大家的理智都"劫持"了。这个时候去沟通，不仅没有效果，反而会走向无效行动的极端。

平复三板斧

◉ 识别，捕捉情感波

我们的情感就如海上的波浪，时而风平浪静，时而波涛汹涌。

风平浪静之时，显得缺乏活力；波涛汹涌之时，又会产生难以抑制的冲动。如果我们把"情绪劫持"的状态比作情绪的波峰，那么，当情绪积累到波峰爆发，巨浪打来，其实是很难控制的。所以，要能在情绪的波浪到来之前有效觉察，把情绪化解于微波之时，就变得尤为重要。

在沟通中，对他人的情感波的捕捉可以通过以下三类信号（如表 4-1 所示）。

表 4-1　三类情感波信号

信号	表现
语言表现信号	出现应付、岔开话题、坚持己见、开始辩驳、激烈争论、人身攻击……
非语言表现信号	肢体紧张、目光回避、表情变化、声音变化……
行动表现信号	沉默、烦躁的小动作、接打电话、离场……

敏感地识别他人在情绪可能会爆发之前的种种迹象，就是我们经常说的"察言观色"的能力。对方的这些"信号"，我们并不难理解。难的是，你在沟通中，特别是自己说到兴奋的时候，还能一直保留一些精力留意对方的反应，并且能够在第一时间就有所觉察。例如，提到某个人时对方的眼神里透露了一丝不满意；说到某个话题的时候，对方突然沉默了一下；从某个问题开始，对方就好像在口头应付了，等等，我们不能等到当"信号"已经升级，变成了激烈的争论和人身攻击，对方愤然离场时，才恍然大悟："哎呀！他有情绪了。"越早地察言观色，沟通越容易避免不必要的

冲突。

在沟通中，对自己的情感波的捕捉可以考虑以下三个问题：

✓ 留意自己惯常冲动的迹象

我们可以按照上面讲到的语言、非语言和行动三个方面的信号，也有意识地回顾下，自己惯常冲动的迹象。例如，我说话的速度加快就是要急了；我不耐烦的时候，特别喜欢讲道理；我一紧张就会抖腿，等等。我们要一一标记这些"信号"，以便在以后的沟通中随时能捕捉"情感波"的到来。

✓ 总结自己经常冲动的情境

每个人都有自己过不去的"坎"。例如，我一遭受批评就呼吸急促、浑身紧张、心跳加快；我一遇到不平，就拍桌子、摔东西、走来走去，一定要找个人说说；我一见到某些人，心情就不好，说什么都觉得不对。对自己会冲动的情境十分敏感，你就能提前预测，对"情绪劫持"先下手为强了。

✓ 警惕迷惑性的爆发

有时候我们特别想与别人分清楚对错，还有时候我们特别想对别人解释清楚，让别人明白，"难道你不知道这个是有问题的吗？""道理明明白白，就摆在这里，你怎么就不明白呢？""我就是想对你说清楚，我一定要再表达一下，让你明白。"当以上的这些声音在我们内心反复重放的时候，千万注意，你已经很有情绪了。要么你太急于获得认可，要么你特别希望摇醒一个装睡的人，要么你觉得有道理就必须、应该听你的。无论如何，此刻你并没有你想象中的那么理性。

◉ 打破，让风暴退去

如果你错过了沟通中的种种情感波信号，导致沟通中情绪升级，或者有一大波情绪来势凶猛。那么你就要处理情绪风暴到来的问题了。不过情绪的风暴也没有那么可怕，科学家说情绪在高峰处停留，如果没人"拱火"的话，也就持续 10 秒左右。在这剑拔弩张的 10 秒里，你千万别再讲道理了，试图去强行压制对方的情绪反应也常常会让沟通适得其反。更聪明的办法是"打破状态"，让自己和对方重新回归平静。

✓ 注意力转移

情绪是一种能量，我们通过身体将其疏导出去，是十分快速见效的方法。例如，深呼吸，散一圈步，喝一杯水，搓一搓手，这些都可以达到"打破状态"的效果。对话中，我们可以暂停一下，彼此都出去透透气，或者换一个轻松的话题。打破这个激发情绪的情境，注意力转移后，情绪很快也就褪去了。

✓ 对比法消除误解

如果你知道自己的哪一句话或哪一个行为触动了对方的敏感神经，你还可以使用对比法，去平息对方的情绪反应。

"我不是这个意思……我是……意思"

"这个问题，以前是……现在是……"

"我不希望你理解为……我希望……"

◉ 反思，让冲动不再上演

ABCDE 信念调整法，可以帮助我们在冲动的对话已经发生后，通过自我反思，找到引起自己冲动情绪背后隐藏着的信念。在这个信念被替换或升级后，我们对待某件事、某个人的态度就会转变。下一次，当再次遭遇这个"导火索"的时候，我们自然就不再那么冲动。

A 指事件，诱发你的情绪和冲动的事件；

B 指旧的信念，个体在遇到诱发事件之后，对该事件的想法、解释、态度和评价；

C 指后果，这件事发生后，人的情绪和行为结果。

D 指反思，对旧的信念 B 进行辨析。

E 指新的信念，我们用一个新的想法代替了旧的想法，从而转变了态度。

我们通常认为，是事件 A 引出了我们的情绪和行为 C，即 A → C。

在 ABCDE 信念调整法中，诱发性事件 A 只是引起情绪的导火索，而人们对诱发性事件所持的信念、看法和解释 B 才是引起情绪更为直接的原因，即 A → B → C。

例如，孩子做作业慢，你很愤怒！

A 是孩子做作业慢。C 是我很愤怒。可是其他家长面临同样的问题时，可能就没有你那么强烈的反应。同样的 A，为什么会有不同的情绪结果 C 呢？显然，是因为我们的 B，对这个事件的看法不同，即 A → B → C。

人并不是为事情困扰着，而是被对这件事的看法困扰着。

ABCDE 的具体使用步骤如下。

第一步，在 A 栏填写诱发难过情绪的事件。

A 孩子做作业太慢。

B

C

D

E

第二步，在 C 栏写下不愉快的感觉和你采取的行动。

A 孩子做作业太慢。

B

C 我很愤怒，忍不住要骂他。

D

E

第三步，在 B 栏，填写你的内心语言，你在那一刻的想法、信念。

A 孩子做作业太慢。

B 他为什么这么慢，为什么别人家孩子都能很快完成？

　为什么我对这个事就一点办法都没有？

C 我很愤怒，忍不住要骂他。

D

E

第四步，在 D 栏，对自己的想法和信念做一些自我质疑和反思。

你可以在冷静后，跳出不良情绪，不断地问自己以下几个问题。

问题一：我的想法一定对吗？还有其他可能吗？（我是真的没有办法吗？不能找到办法吗？）

问题二：证明我的想法，有什么证据吗？（别人的孩子到底都是什么水平？）

问题三：导致这个结果还有其他的原因吗？（写作业慢的原因可能还有什么？我和他的沟通方式是不是有问题呢？）

问题四：我的想法对自己有意义吗？（我为什么要把自己的孩子和别的孩子进行比较？）

第五步，在 E 栏，用一个深思熟虑的新想法，代替旧想法。

A 孩子做作业太慢。

B 他为什么这么慢，为什么别人家孩子都能很快完成？

　为什么我对这个事就一点办法都没有？

C 我很愤怒，忍不住要骂他。

D（各种反思）

E 做作业慢是个习惯问题，需要慢慢改变，不要急。

　我要先处理自己的焦虑，一定能找到更好的对策。

　　我们有了新的深思熟虑的想法后，当情境再现（孩子又出现了做作业慢的问题），当然你也许还会受到相同情绪的困扰，但是你同时也会发现，你的新想法也开始对你产生新的影响了，它能让你更快地平复情绪，打断以前的沟通行为，你慢慢地开始尝试用一种新的方式去对待问题。沟通也随之发生了转机。

■ ABCDE 信念调整法刻意练习任务书 ■

　　请记录你通过认知干预的方法成功解决的一个生活中的情绪问题。

A 发生了什么	
B 我的想法	
C 产生的后果	
D 我的辨析	
E 新的信念	

攻略 5
求异思维诊断：别拿"抬杠"不当回事

总会"求同"，会失去自己；总会"求异"，会失去对方。你若想拥有整个世界，就必须学会"求同存异"。

你的身边是不是有这样一些人：

他们擅长从鸡蛋里挑骨头，再好的事他们也能找出问题，发现缺陷；

他们的绝活是泼冷水，当大家都兴致勃勃地去商量做某些事时，他们会尖锐地指出计划中的问题或为什么计划行不通；

他们对事情的看法永远是"那不一定"；

他们听到一个新观点，嘴上永远是"那可未必"。

这些人，被大家开玩笑地称为"杠精"，在沟通中他们着实令人十分懊恼。

然而，"杠精"们表示很委屈：

"难道不该实事求是吗？"

小美的老公喜欢喝汤，小美却不擅长烹饪。煲汤是个技术活，特别是对于各种食材和配料的用量，细微的差别都会影响口感。小美觉得老公工作很辛苦，还是希望自己能亲手煲汤来表达对老公的关心。

有一天，她尝试使用了浓汤宝，这种现成配好的调料，加水就能用其做好一锅汤，而且这汤的味道还不错。这下可解决了她的大问题，她做好后，兴高采烈地与老公分享成果，并迫不及待地问老公怎么样。老公一边喝汤，一边头也不抬地说："这种浓缩的东西未必有营养价值。"小美沮丧地回到卧室，一晚上都处于情绪低落之中。

对于"泼冷水"给对方造成的不舒服，抬杠的人在很多时候自己都没有觉察，他们真的也不是故意为之。所以，一旦出现了糟糕的沟通后果，他们也会很委屈："我不是故意的啊，难道不应该实事求是吗？"

难道不该考虑周全吗

很多时候，抬杠的人也能预测到自己"出言不逊"的结果似乎不妥，可是他们真控制不住自己，尽管有时候他们会尝试变得婉转，可还是无法改变被"嫌弃"的结局。

　　针对下一阶段的产品功能升级，产品部的同事们正在一起进行头脑风暴。大家对于增加一个新功能聊得兴致勃勃，你一句我一句，越聊越兴奋。很多精彩的创意和点子纷纷闪现出来。

　　此时，一位同事终于"憋不住"了，站出来说："各位，我觉得大家的想法非常好，但是，我觉得，未必所有的用户都需要这个功能，而且从设计成本的投入上看，未必划算。当然了，这也是我的个人意见……"

　　气氛虽然不至于凝滞，大家从理性层面也会觉得这位同事说得有道理，但心中终归会感觉别扭："得，又来了！""哎呀，散了散了，干活去了。"

　　无论我们是否正确，无论我们的表达是否婉转，在别人表达积极的感受和观点、分享自己的成果的时候，那些反对意见总会显得不合时宜。

求同模式 VS 求异模式

　　"抬杠"的问题，实质上是我们思维模式的问题。人的大脑在处理信息时，有两种截然不同的加工模式：一种是求异模式，另一种是求同模式。这两种模式就像计算机配置了两套完全不同的运行程序，导致我们会自动地站在不同的视角去考虑问题，顺着不同的思路去分析问题，长此以往就会形成一个非常难以改变的思维定式。

★ 求同型的人先看事情的相同点，他们会努力从他人交流的信息中捕捉和自己共同的部分，给予认可和支持。

★ 求异型的人，则会先寻找事情的不同之处。他们擅长找出差异、风险和异常的情况，因此常会与他人起冲突。

那么，如何判断自己是求同型还是求异型呢？

先来看看两种类型的人经常使用的语言（也就是内心的声音）。

求同者经常使用的语言：

"是啊，是啊……"

"对啊，对啊……"

"哈哈，有道理，有道理……"

"没错！"

"我也发现了……"

……

求异者经常使用的语言：

"是吗？"

"对吗？"

"这不绝对……"

"那不一定……"

"其实未必是这样……"

……

我们再来看看两种类型的人经常使用的表达方式。

挑战式的反问句，是求异者们特别喜欢的句式。因为长期的思维模式，让他们已经不太会顺着对方的思维说话了。即使是一件普通的、能够达成共识的事，他们也得拐个弯说出来。

"你觉得我穿这个合适吗？"

——意思是，"我不想穿这个。"

"你觉得我还能去找他吗？"

——意思是，"我不好意思去找他了。"

"怎么回事，是不是不吃饭了？"

——意思是，"我其实很饿，想吃饭。"

我们从行为方式上，也不难分辨这两种类型：

- 求同者会表现得虚心接受，认真听取意见，总是点头认同；
- 求异者则会表现出，表情不屑一顾，总有反驳的理由，喜欢提出问题，不遵照指引，力求标新立异。

在沟通中，求同者往往比较能够理解和支持他人的意见和想法，能够和他人"打成一片""融为一体"，但是过头了，也会显得没有主见，也会由于过分追求认同而犯一些错误，例如，失去自己的边界、无法把握风险、容易被别人影响等。

求异者则更加敏锐，能够从不同的角度看问题，往往能够更准确地预测风险和不足，由于长期求异求新，能够对某个领域进行深入的探讨，拥有一定的批判式思维。然而，求异的模式，有时也会让他人感觉到被冒犯、不认同，结果是造成对抗。

我是个求异型的人，如何甩掉"杠精"的帽子

求异者必须认识到，思维方式没有对错，但是如果自己的思维方式打击了别人的情绪，那就得不偿失了。至少，这会令自己不受欢迎。

所以，如果你发现自己是一名求异者，需要时刻警惕自己的思维习惯，并在沟通的过程中加以注意。

◎ 忍住，一定要忍住

求异者应该意识到，当大家兴高采烈地讨论方案、有人拿出一个计划与你分享或有人想与你进行情感互动的时候，他们那种对工作的热情难能可贵，彼此之间的情感非常值得珍惜，愿意付出的努力值得认可。所以，即使你求异的大脑在飞速运转，一万个反对意见在不断迸发，都没关系，忍住就可以了。

◎ 多做求同思维训练

在日常生活中，求异者不妨做一些求同的思维训练，即疯狂寻找共同点，把自己和身边人的共同之处找出来。对任何人说出的话，求异者都要找两个支持他的理由；对任何一个方案和策划，都说出五个重要的可行之处。训练的时间长了，你的大脑就升级了，从"单核"变"双核"了，这会令你及时控制提出异议的冲动。

◉ 该出手时再出手

有时候，我们的一些反对意见的确是宝贵的、需要表达的，可以避免组织和他人走弯路，这时就需要我们真诚而有效地提出反对意见。

当然，我们的表达可以遵循以下几个原则：

- 他人高兴的时候，等等再说；
- 他人还没准备执行，看看再说；
- 不说可能会有损失的，抓住时机再说；
- 实在憋不住了，真诚地说。

遇上求异型的人，我该怎么办

◉ 认识到，他不是故意的

绝大多数求异者都意识不到，自己的思维模式会让别人很不舒服。他们的异议并非出于恶意。求异是一种思维惯性。所以，当反对的声音出现时，我们可以将此理解为，他的脑子会自动执行这样一种程序，他并非在针对我们，不跟他计较，反而会让他放松下来。说不定，他不久后就会把自己也"推翻"了。

当然，求异者习惯于从另一个侧面和角度去思考问题和观点，所以我们与他们沟通时很难达成共鸣，似乎少了一些乐趣。如果你需要情感的支持和认同，那么就要尽量避免找求异者聊天，否则容易受伤。

◎ 知道什么时候让他出现

在组织中，看似"煞风景"的求异者，其实扮演了一个重要的角色。他们特别敏锐，时常可以从别人看不到的角度预见一些特殊的问题和风险。同时，由于他们常常比较，分析能力也比一般人强。求异者因为长期处于这种"反向加工"的模式中，积累了许多"问题经验"。所以，当我们分析一个具体的方案，或者需要考虑多种可能性的时候，不妨找到"求异者"，听听他们的看法。

不过，如果组织已经决定，或要宣布去执行一项决定的时候，最好不要让求异者发表意见。一旦求异者开口，恐怕很多事都难以推进下去。

◎ 问他该怎么办

米菲的妈妈是位求异模式的"泼冷水"家长。在米菲的求职问题上，没少提意见："这个企业行吗？""这家公司的面试就等了这么久，工作流程一定有问题啊！""你选择这个行业合适吗？""据说这个行业有很多问题啊。""你觉得这个老板不错，我看未必，他还是有很多疑点啊。"

很多求异者就知道求异，但未必会考虑解决方案。为了让他们暂停，你不妨在他们的"冷水"泼过来之后，淡定地问他们一句："那您说，该怎么办呢？"

然后，你要么会真获得一些改善的建议，要么至少可以清净一阵子了。

◉ 少说绝对，多做分析

对于求异者不能轻易说"绝对""肯定""一定""保证""不可能"之类的字眼，因为这些字眼会激发求异者的挑战本能。他们内心的声音会马上变成："绝对吗？你能保证吗？你敢肯定吗？"你越是绝对地站在一边，他就越绝对地站在你的对立面。

如果你是一名销售人员，遇到了一个求异思维的客户，就千万不要用绝对化的语言去推销自己的产品。因为，你把产品说得越好，他就越会觉得产品的问题多。正确的做法是，与他一起分析、比较，多列数据和证据。求异者一般很少会因为东西好而选择你，他们之所以做出决定，一般是因为你的产品的问题最少。

◉ 剑走偏锋，负负得正

在某企业 UI 设计招标会的评审团中，来自技术部的范总监就是一个典型的求异思维者。对于所有报上来的方案，他都会尖锐地挑出问题。范总监是公司的老员工，老板也听取他的意见，所以他的意见很重要。来投标的设计公司，都十分害怕被他"挑毛病"，称他为"毒舌"。最后中标的设计公司，把握了范总监的特点，在最后一个环节的陈述中，巧妙地改变了自己呈现的技巧。其他的设计公司都是大肆夸奖自己的优势和精妙之处，这家公司一上来却讲起了自己"无关紧要"的两个小问题："我们是家小公司，第一次为贵公司这样的大公司服务，还有很多地方需要学习。我们对行业的理解深度，可能也不如其他同行，这也是我们需要加倍努力的地方。"然后，他们才开始介绍自己的作品。

这家公司最终取得订单时，范总监给了这样一段评价："没接过重要的订单，因为是第一次，才会非常重视，才会全力地投入。对行业理解不够深入，才可以跳出行业的局限，创新地去思考，不为经验所局限。"

不管是有心为之，还是无心插柳，这些"小缺点"，的确被求异者挖掘出了"大优势"。

■————— 求异者求同思维刻意练习任务书 —————■

你最讨厌的人是：	他的优点是什么：
你最不能接受的观点是：	这个观点的合理之处是：
你不认可的一个做法是：	这个做法的意义是：
你最不认可的自己的缺点是：	这个缺点对你的价值是：

攻略 6

价值互动循环：会说话，有好运

> 你所说的一切，都反映出你在内心里，对待自己，对待他人，对待世界的态度。而你的态度，又无时无刻不在影响着你和他人的关系。用心爱自己，与对的人，说美好的话。

在面试中，面试官经常会问到一个问题："上一份工作，你离职的原因是什么？"

有的求职者会如实表达一些让自己离职的客观事实。

有的求职者会说因为组织不能给自己足够发展的空间。

有的求职者会感谢上一家雇主，提到自己过去经历中的收获，同时表达自己对未来发展的考虑。

也有少数求职者会吐槽过去的组织中管理的种种问题。

面试官提出这个问题到底要考察的是什么呢？

其实比起对具体离职原因的关注，你对过去雇主以及自己的评价的态度才是面试官重视的内容。一个认为自己有价值，懂得感恩，也能够看到前雇主优点的面试者，显然更受组织的欢迎。因为，这样健康的自我价值感，以及对他人价值感的认可，显然更有利于融入组织、建立人际关系。反之，如果你表现出对自己没有信心，或者对待组织、他人充满抱怨，面试者也会推断，你这样的行为模式也会发生在未来的工作之中。也许你在不经意间流露出来的言语，就决定着你是否可以拿到这个"offer"。

会说话，真的有好运。

高价值互动循环：提升自我价值感

拥有较高的自我价值感的人，对自己、他人和世界愿意给出积极的假设，也比较有安全感。他们相对乐观，认为自己值得拥有，也相信自己会被好好对待。这份自我价值感，帮助他们做出更多积极主动的表现，给他人留下正面的印象。因此，他人也会倾向于给出积极的反馈。这种环境和他人的认可，又会进一步肯定他们的自我价值感。从而进入一个正向的循环（如图 6-1 所示）。

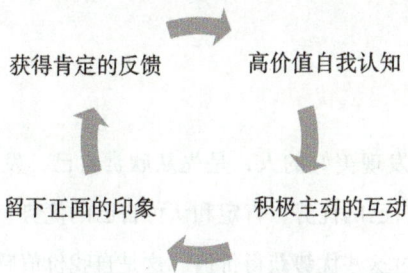

获得肯定的反馈　　高价值自我认知

留下正面的印象　　积极主动的互动

图 6-1　高价值互动循环

◉ 懂得发现美好

一位老师拿出一个装满了沙子的大纸盒，一边展示给学生看，一边说："这些沙子里掺杂着铁屑，你们能不能用眼睛和手指把铁屑挑出来？"

大伙儿摇着头。

老师看着疑惑的学生们，笑着说道："有一种工具，能帮助我们迅速地从沙子中间找到铁屑。大家可能都想到了，这种工具就是磁铁。"

说罢，他从包里掏出一块磁铁，把它放在沙子里面不停地搅动。磁铁周围很快聚集了箭镞似的铁屑，老师把那一团铁屑举给同学们看："这就是磁铁的魔力，我们用手和眼睛无法办到的事，它却能够轻而易举地做得很好。"

这枚磁铁，就是一颗懂得发现美好的"心"。

拥有一颗发现美好的心，就会像磁铁一样，无论到了哪里，都能吸引有用的资源、美好的事物以及幸福的生活。这颗心会促生高自我价值感。

◉ 发现自己的优势

一个懂得发现美好的人，是先从欣赏自己、发现自己的美好开始的。发现自己的优势，肯定和认可自己的优势，提升和训练这些优势，并通过这些优势获得价值。这是自我价值感最有力的根基和保障。

✓ 情绪信号法

在充分发挥优势、做自己喜欢和擅长的事情时，情绪会传递给我们一个"愉悦"而"满足"的信息。所以，你要细细体会一下，做哪些事情的时候，你是最容易获得成就感和满足感的。你打心眼里相信和喜欢。"从心所愿"也是一个非常好的验定方法。

✓ 价值反馈法

发挥你的优势，做你擅长的事，总能获得一些回报，要么是他人的肯定，要么是物质的回报，要么是精神的满足，要么是一份得心应手的工作……那些有价值反馈的地方，一定蕴藏着你的优势。

✓ 测试法

从网上常见的简单的心理测验和兴趣测验，到应用较多的霍兰德职业倾向测试、职业性格测试（MBTI），以及专业的情商测评、人力资源测评工具等，都从不同的角度和深度帮助我们了解自己的特质，发现自我的优势。他们为我们提供了一些有用的信息，帮助我们完善自我评价。

✓ 前辈指路法

前辈、过来人、有经验的 HR，他们阅人无数，是很好的伯乐。如果能得到他们的指点，是一件非常幸运的事情。那些熟悉你的长辈、老师、领导，也是对你的优势十分了解的人，你也可以征询他们的意见。

✓ 朋友提示法

在你的朋友圈里，说起一件事，大家第一个就会想起你，那一定就是你的优势所在。你可以问问熟悉自己的人，他们在哪些事上最需要你，你会在朋友那里找到答案。

◉ 积极的归因方式

美国心理协会前任主席、积极心理学之父马丁·塞利格曼（Martin Seligman）指出，乐观是一种归因风格，即我们会用乐观、积极的角度看待发生在自己身上的事。

乐观的人会把积极的事件归因于自身、持久、普遍的原因，把消极事件归因于外部、暂时、情境性的原因。他们往往认为失败只是暂时的，不是自己的过错，困境可以变成一种挑战、一个有所作为的机遇，能够呼唤出更大的努力。

而悲观者则恰恰相反，即使自己成功了，他们也认为是偶然的。面对失败和困境，他们往往会认为是自己的原因，并且觉得永无出头之日，抑郁者往往拥有这样的倾向。

积极的归因方式会让我们在遭遇困难和挫折的时候，不会对自己做出太多的怀疑和责备。这保全了我们的自我价值感。而消极的归因方式往往会损伤我们的自我价值感。

◉ 提高快乐的能力

有时我们会说，"在生活上向下看齐，在学习上向上看齐。"当今社会，无论生活还是学习，人们都向上看齐得有点过了头。物质上攀比，学习上追求高分升学率，觉得谁都比自己过得好。比来比去，自我价值感就很难稳定了。

我们要学会放过自己，提高快乐的能力。学会对发生在自己身上的"小确幸"心生欢喜。多和快乐的人在一起。在我们的身边，总有一些人活得轻松自在，自娱自乐。他们有着大神经、粗线条，不会被社会的"枷锁"所桎梏，你说他们胸无大志也好，你说他们没有正事也罢，他们仍是开心愉快的。我们要向他们学习，找回快乐的生活。

快乐是自我价值感最重要的检验。

低价值互动循环：逃不开的命运魔咒

自我价值感低的人，对自己、他人和世界会不自觉地给出消极的假设，不太有安全感。他们相对悲观，认为自己不值得拥有，也不太相信自己会被好好对待。这样一来，他们自然会做出更消极防御的表现，给他人留下负面的印象，让人感觉不适。因此，他人会倾向于给出消极甚至伤害性的反馈。这种环境和他人的打击，又会继续加剧这类人对于自我价值感的否定，从而进入一个负循环（如图 6-2 所示）。

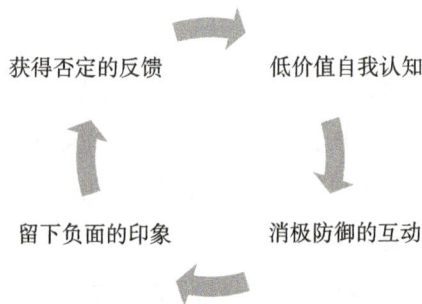

获得否定的反馈　　　　低价值自我认知

留下负面的印象　　　　消极防御的互动

图 6-2　低价值互动循环

◉ 把别人都当作看不起自己的人

宇的家境不太好，在学校里总是不太爱说话。一次他被朋友带去参加一个聚会。大家都在轻松地谈着近况，而他似乎不知道如何融入。于是，宇拿出一本教材，看了起来。有一个人感受到了他的尴尬，想拉他融入，就把话题投给了他："宇，我们最近都觉得压力好大，听说你在学心理学，你给我们分析分析呗。"

这本是想让宇融入大家的客气话，没想到他却认真起来，从大脑解剖机制到压力作用模型，还给每个人都做了分析和评价。说完这番话后，愿意跟他聊天的人越发少了。宇心里很难受，悄悄地提前离开了聚会。

宇认为自己"不被认可"。在聚会的时候，他拿出教材来看，实在不合时宜，这种行为是为了证明自己很优秀吗？在别人找话题与他沟通的时候，他又错误地判断了自己的角色，还没搞清楚别人的状况，就给别人开起了"药方"。内心害怕不被认可的人，总是会对自己的认知忽高忽低。一方面表现得没有自信，另一方面又会通过"吹牛"和"得瑟"避免让别人看不起自己。

低价值的自我认知会导致"不被认可感"。

感觉到自己不被认可，往往会使人过于在意自己在他人面前的表现，在乎别人的反应，在与他人的互动中，会表现出：

- 没有自己的喜好，忽视自己的需要；
- 强调或在不知不觉中暴露自己的缺点；
- 做出过高估计自己的行为，喜欢表现；
- 过分讨好；
- 故意与他人保持距离。

不被认可的互动，会让他人心生嫌弃，导致自身"被羞辱""被攻击"，从而加深一个人的不被认可感。

◉ 把别人都变成不相信自己的人

郝佳是一名大学毕业生，但她一直觉得自己很"丧"。在找工作的问题上，受到了很多挫折。

有一个郝佳非常心仪的银行职位需要面试。她为此精心准备了两个多月，查阅了很多资料，反复斟酌修改自己的简历，研究面试技巧，生怕自己说错话。面试前一天，她听说这家企业比较看重应聘者是否了解企业，便连夜开始查阅资料，一直忙到后半夜。

结果，由于睡得晚，第二天她起晚了，气喘吁吁地赶到应聘单位，差点迟到。手忙脚乱中，她又发现自己忘带了一份重要的介绍资料。她心里想着，这下可糟糕了，在面试地点恍惚地撞上了玻璃门，"嘭"的一声，吸引了所有人的注意。在接下来的面试过程中，虽然面试官很亲切，郝佳却好像丢了魂一样，全然不记得自己说了什么。

低价值的自我认知会导致"I'M LOSER"的失败模式。

这种"I'M LOSER"的失败模式，我们是否似曾相识呢？拥有这类模式的人在互动中，经常会表现出如下行为：

- 诚惶诚恐；
- 对自己的失误耿耿于怀；
- 努力得不在点子上；
- 过分准备，过分刻苦，不能放松；
- 不敢抓住机会；
- 挑战过于高于自己能力的很多机会。

失败模式会让他人心生轻视，导致自身"被忽略""被贬低"，从而加深一个人的失败感。

◉ 把别人都变成伤害自己的人

美慧是个特别漂亮的女孩，高挑的个子，白净的皮肤。每个男生都会被她吸引。

美慧有很多追求者，可是，她很难保持一份长久的亲密关系。离开她的男生都说：

"她疑神疑鬼。每天都要向她汇报我干了什么、去了哪里，不管我到哪里，她都要跟着。"

"她总说自己不被理解，又不说自己想要什么，我都不知道该怎么做，相处起来太累。"

"稍微分开一段时间，她就会不断地追问，'是不是你不想理我了？''你是不是有新女朋友了？'"

她的"不敢信任"总是让男生无可奈何。

就这样美慧把每个追求者都变成了"陈世美"。

低价值的自我认知会导致"不敢信任"。

拥有这种模式的人，缺乏安全感，在与他人的互动中，会表现出：

- 依附他人，要求保证；
- 猜疑，疑神疑鬼；
- 害怕自己被利用和迫害，而提前做出逃避或伤害的行为；
- 说话拐弯抹角，觉得别人不懂自己；
- 与事实上对自己不好的人交往。

不敢信任的互动，会让他人心生厌烦，导致"被攻击""被抛弃"，从而加深不敢信任。

■—— 警惕低价值循环刻意练习任务书 ——■

观察日记：请你回忆、观察身边的人或者自己的表现，找出在低价值互动循环中，人们经常会出现的一些语言和行为模式。

低价值互动模式	他会怎么说	他会怎么做	他可以怎么说	他可以怎么做
不被认可				
I'M LOSER				
不敢信任				

攻略 **7**

线上交流十大边界：站定你的真实生活

在信息可以"秒回"的时代，我们的关系到底是近了还是远了？网络和人工智能已介入我们的沟通，我们的交流到底是真实了还是虚幻了？沟通的节奏越来越快，我们到底是更高效了还是更无效了？

过去几十年来，现代科技发展一日千里，广播、电视与飞机、卫星构成了一个庞大的网络连接全球，使得世界的任何一个角落几乎都可以在瞬息之间彼此相连。然而与此相对应的，则是人与人之间感觉日渐隔阂，彼此间的沟通以空前的速度，变得每况愈下。

——戴维·伯姆 《论对话》

　　自从手机可以拍照，再热闹的饭局，也无法吸引大家全部的目光了，饭菜不是用来品尝的，而是要"别具匠心"地拍出来给别人看的；再令人心旷神怡的风景，也无法留住牵手的人了，花草和蓝天不是用来欣赏的，而是要"巧夺天工"地拍出来，晒到网络上使别人羡慕的。有这样一句话广为流传："不要以为是你的生活不好，只是因为你的手机像素还不够高。"

我们离真实的生活越来越远。

从电子贺卡、祝福短信到微信拜年，越来越多的"沟通"方式让我们放弃了走亲访友的传统。交通工具不断提速，"打个飞的"，就可以直达千里之外，然而，我们却总要等到一票难求时，才会匆忙开始准备回家的行程。快递上门，外卖到家，邻里之间鲜有往来。同一个屋檐下生活的人，也会用微信互道晚安。

我们离"亲情"和"友情"越来越远。

我们不再通过自然辨认方向，导航越来越精准化。我们放弃了亲自寻找答案的过程，因为有百度。生活起居，越来越科技化，体力劳动变得越来越少。我们吃反季节的蔬菜瓜果，我们不断把知识更新迭代。

我们离"常识"越来越远。

社交障碍：依赖技术，还是依赖彼此

不知从什么时候起，这种"社交障碍"，已悄然影响了我们，特别是在"90后"的群体中，这个问题更为明显。根据美国的一项调查显示，美国孩子在上学前已经看了5000 ~ 8000小时的电视。到高中时，他们看电视的时间已超过课堂学习的时间。而在中国，孩子们的电子保姆，也是花样翻新。手机和计算机让我们开始更加依赖技术，而不是依赖彼此。技术的进步反倒成了沟通的阻碍。

彼此之间互不依赖，最重要的表现就是"宅"。"宅"成了一种时尚，因为一切都可以足不出户地完成。哪怕只是一盒方便面，都可以随时从网络上下单买到。"宅"已然成了我们的重要健康隐患。一项历时 20 年、涉及人数超过 37 000 人的研究表明，亲密的情感联系是保护身体健康的重要因素。社会孤立者，即缺乏可以分享自己的私密感受或进行亲密接触的人，患病或死亡的概率是正常人的一倍，《科学》杂志 1987 年发表的一篇报告同样指出，社会孤立导致死亡的风险，与吸烟、肥胖、高血压、高胆固醇及缺少运动等因素一样，甚至更大。与此同时儿童的自闭类障碍、感统失调症状、厌学越来越多发，越来越早发。孩子们开始早早地就离开了社会，无法协调自己的感官，失去了自己的天性。依赖技术，我们也在付出代价。

网络成瘾："自控"成了"失控"

"微博控""微信控"，一个"控"字把技术对人的控制表现得淋漓尽致。"控"即是成瘾，本质是失控。技术的飞速进步，让我们濒临信息过载的边缘。各种各样的信息，不管有用没用，都塞满了我们所有的时间，不断侵蚀我们的生命品质。

微博、微信成瘾，就会让人时刻保持一种高度兴奋的状态，连休息时间也被微博挤掉，甚至对微信的铃声产生幻听。这样往往容易导致睡眠时间不足、疲惫和精神衰弱，更严重的会导致焦虑症和强迫症。这些技术原本是为了增强人际交往，却因为使用不当导致个人与现实社会隔离，造成适得其反的攀比和人际关系紧张。

★ 你"网络成瘾"了吗

如何才算网络成瘾？根据北京军区总医院制订的《网络成瘾临床诊断标准》，如果个人长期反复使用网络，而且使用目的不是为了学习和工作，或者不利于自己的学习和工作，符合以下症状的，即为"网络成瘾"：

1. 对网络的使用有强烈的渴求或冲动感；

2. 减少或停止上网时，会出现周身不适、烦躁、易激怒、注意力不集中、睡眠障碍等反应。

3. 以下五条中至少符合一条：

（1）为达到满足感而不断增加使用网络的时间和投入程度；

（2）使用网络的开始、结束及持续时间难以控制；

（3）固执地使用网络而不顾其明显的危害性后果，即使知道网络使用的危害仍难以停止；

（4）因使用网络而减少或放弃了其他兴趣、娱乐或社交活动；

（5）将使用网络作为一种逃避问题或缓解不良情绪的途径。

线上交流十大边界 : 站定真实的生活

◎ 使用边界

网络很吸引人，特别容易让人忘记时间，手机已经把我们变成了网络的一个 "人体终端"。它模糊了我们工作和生活的界限，也同样模糊了我们娱乐和休息的界限。似乎随时都是可以工作，随时都可以娱乐。有时候真的很难分辨，到底是我们在使用手机，还是手机在使用我们。所以，首先我们要学会设定使用的边界。哪些时间，我要停止用手机处理工作。哪些时间，我要让自己离开手机，离开微信。再甚者，我们要设定关闭手机的时间。越是成瘾的人，越是要给自己完全离开手机的机会。让我们真正成为手机的主人。

◎ 即时边界

从信件到电报，从邮件到微信。人们终于不必再受相思之苦，科技让我们可以随时随地进行聊天，无时无刻得到回应。距离和空间都不再是问题，沟通变得可以即时完成。然而，这种即时反而变成了另一种束缚。你发出去消息后就开始等待回应。技术上的可能性，让你失去了等待的耐性。如果你是一个太过于被别人牵绊的人，你又会时刻想秒回别人的信息，而不管这么做是否会打断自己该做的事。即使有人可以一心二用，一边做事一边聊天，结果是无论这个事情，还是聊天，都失去了应有的品质。所以，一方面，我们要对他人礼貌，不是紧急的事情，不要给别人即时回复的压力。另一方面，我们不要在别人心里，做那个随时在线秒回的人。

◉ 信息边界

我们通过手机可以得到的信息太多，太碎片化，我们的身心都被其深深地影响。大量的碎片信息，会滋生焦虑。所以我们要学会对其断舍离。断就是谨慎关注、谨慎下载、谨慎加入。舍就是要养成定期清理的习惯。离就是和"自己一定要先收藏起来，先留着"这样的心情说再见。实际上，你有多少收藏的链接、文件根本没时间阅读，你有多少下载的电子书、各种课程还没有看完？知识和信息迭代如此之快，你保存的很多东西都会迅速成为过时的信息。所以信息虽然没有什么重量，但信息的过载会成为你生命能量的负担。

◉ 信任边界

因为有了海量的信息，我们接下来自然要面对信息甄别的难题。一个话题，多个微信公众号说出了不同的"真相"和观点。各个都想一鸣惊人。同样的内容，不同的文章都打着科学的旗号，也能说得大相径庭。关于医疗、饮食、健康方面的说法，更是花样百出。我们不仅要大量运用批判性思维，选择性地接受，还要注意不能胡乱转发链接和不实的信息。不要传递焦虑。我们要有能力甄别哪些是可信的自媒体，哪些是负责任的"官方"发布渠道。吃瓜群众也要力求做个聪明的吃瓜者。

◉ 现实边界

自从有了朋友圈以后，我们都过上了"无比幸福"的生活。特别是有了滤镜以后，我们的"生活品质"似乎都提高了。当你翻看朋友圈的时候，可能经常会产生：我的生活不如意的感觉，因为他人的生活都显得无比美好。直到有一天，我看到一个公众号里发了一个女孩在自己凌乱不堪的出租房里，站在堆满脏衣服的床上，对着一个铺着一条围巾的小桌子上的一盘蔬菜沙拉拍照，为了给那颗牛油果拍出最美的感觉，她甚至顾不上自己可笑的姿势。不要轻易相信别人在朋友圈里的生活，也不要在朋友圈里塑造一个虚假的自己的生活。太多的精修，会让我们丧失生活的质感。

◉ 理性边界

手机成了一个充满巨大商机的地方。各种促销、领红包、点开有大奖、"买100返100"，促销手段层出不穷。我们一不留神就容易买多、买错。对此，我们要给自己的钱包设置一个理性的边界，其实也是给自己的欲望设置一个理性的边界。

◉ 关系边界

在社交场合，现在往往流行面对面建个群，互相加个微信。对此，你是如何进行处理的呢？是敞开心扉，来者不拒，还是"闭关锁国"，一概不理。我想这两种极端方式都不值得提倡。在现实的社交活动中，会分为三个交往圈：社交圈、人际圈和亲密圈。社交圈里是泛泛之交，是为了实现社会交往建立的最普通的接触圈。人际圈里多是已经和自己有工作关系、朋友关系的人。而亲密圈里是我们的家人，知心的挚友，交往甚深的社会关系。这是相对封闭的一个关系网。那么在微信社交无处不在的今天，你的微信里，是否也会建立这样的关系层次呢？微信是一个既虚拟又真实的世界，你如何把握其中关系的虚拟和真实感呢？你是否能适当地加入验证，做出标签分类，并定期整理和清理呢？当你拿不准的时候，就勇敢地拒绝吧。

◉ 表达边界

关系的边界，是你控制了有哪些人和你可能建立关系。接下来就是，你要学会控制，你要对他们说什么话。我们有时把微信朋友圈叫作"自媒体"。意思是，在这里你可以表达你自己。可是，你的每一个表达都可能被一些人看到，他们可能是你的家人、你的朋友，也可能是你的老师、你的老板、你的客户，以及你未来的客户。你的每一个表达也都在构建着他们对你的感觉和评价。如果你很容易一有情绪就需要被点赞。一生气就发个抱怨。这些不成熟的表达，很可能会让你失去一些机会。如果你总是秀自己的磨光图，太自恋，很可能让你离真实的朋友越来越远。那些不恰当的集点赞、拉选票，也会让别人感觉被侵入。这些在现实中的表达边界，就算是在你的"自媒体"上，也同样是要遵守的。

◉ 书写边界

有了即时聊天工具以后，我们的打字速度越来越快了。用文字聊天，已经成了一种新的沟通习惯。但是，文字交流经常会造成误会，滋生不恰当的想象。所以，重要的事情还是要通过正式的面对面的沟通来解决。在即时工具中，多使用语音通话和视频聊天，语音留言带有声音和温度，传递出远远超过文字所表达的信息。

◉ 隐私边界

最后的隐私边界很好理解，隐私边界也是我们的安全边界。现在手机可以定位很多的个人信息，大数据让你无处遁形。你要学会给自己的隐私信息设置底线。例如，哪些内容我不会通过手机进行沟通。例如，我们要如何保护密码。我所绑定的银行卡要做出怎样的处理。再例如，如何在聊天中保护自己的隐私，也要注意不侵犯他人的隐私。

恢复社交：聊天还是要"肉搏"

面对面的沟通，"肉搏"式的情感交流，永远不可被忽视和取代。

沟通和交流本来就该是一个"肉搏"的过程。因为在"肉搏"中，我们可以看到、闻到、触摸到、感受到。沟通不仅是在交换信息，更是一种情感的交流和互动。

保持良好的沟通习惯，让沟通在"肉搏"中进行，其实就是保持一种建立关系、维护关系的能力。这种能力对于现代人来说特别重要。

◉ 走出门，与社会保持真实的互动

一个人长时间"宅"在家，很容易打乱生活节奏，造成健康隐患。亚健康的身体状况会加重"低落"的情绪感受，会让你更加缺乏行动力，不愿意与人交往，这样会使人越来越难以出门。长此以往，就会形成恶性循环。所以，一定要想办法走出这个怪圈。逛逛街、听听戏、下下棋、见见朋友、到广场散步、做做运动。天气好的时候，尤其要多安排一些户外活动。

◉ 在工作中建立舒适的人际关系

有人说，我平时的工作非常繁忙，周末根本没时间建立人际关系，那么营造一种在工作中与他人的互动和情感的交流就非常关键了。建立舒适的职场人际关系，对于当下的职场人士来说尤其重要。

◉ 加入一个真实的社团

选择一个自己喜欢的兴趣小组或学习小组，定期参加活动。就如同健身一样，在大家共同的行动下，比较容易坚持下去。多参加一些社交活动，你会发现，不离开人群，你才能不脱离这个日新月异的社会。

◉ 三五好友，定期见面

几千年前的甲骨文中，便有两个字被用来表达情感交流的重要意义。一个是"好"字，这个字描绘的是一个女子抱着一个孩子。亲情、密切的接触便是好。另一个字是"朋"，由一串绳子和六个贝壳描绘而成。贝壳是古时的"钱币"，象征着财富。朋友、情感的支持是无价之宝。

我们的身边总要有几个好友，再忙也要约出来，经常见一见。面对面的交流是一种非常深入的情感互动。用心去经营一份情感的关系，会收获很多心灵的成长，也可以让我们在有些"累"了的时候，重新获得力量。保持沟通，即是保持关系；经营沟通，即是经营关系。

◼ 解除手机绑架刻意练习任务书 ◼

解除网络的绑架和现实生活中社交功能的增加是相辅相成的。请根据本章内容填写下列任务书，给自己制订一个计划。

手机使用边界设定规则	我的社交计划
举例：每日 23 点关闭手机	举例：每周六去打一场羽毛球

第 2 篇
精准表达

用三年学会说话，用三十年学会闭嘴。

换一个词就可以实现"加分"吗？

如何说别人听得懂的话？

攻略 *8*

精准沟通：语言在精不在多

成熟的标志不是说得多，而是说出来的每一句都是如此"到位"。

言简意赅：少说点才好消化

在日常生活中，饭菜吃得太多了，会消化不良；药用得太多了，会产生抗药性；话说得太多了，听者也会对对话中的内容麻木。对于一般成年人来说，高效的注意力集中时间大概是 10 分钟。沟通的时候，你说得太多、太久，听众会对你的语言产生"抗药性"。心理学家在研究短期记忆时还发现，人脑一次性接收的信息一旦超过 5 个，记忆就容易出错，发生混乱。沟通中，你是否能言简意赅，化繁为简，就显得尤为重要。

来！试一试。

结伴出游时，你需要向同伴交代随身携带的必备物品。它们包括：

身份证、钱包、火车票、药品、指南针、手机、充电器、地图、手电筒、相机、防晒霜、遮阳帽。

注意，此时你没有纸、笔等相关工具，只能通过语言来传达，并且还要让每个队友都记住，并一一落实，你会怎么说呢？

◉ 第一招：重新梳理杂乱的信息

很多时候，我们不得不交代 5 个甚至更多的信息。如果杂乱的信息能够得到有序的分类，我们便能记住更多的内容。就像把不同科目的书籍放入相应的架子上，把不同类型的物品分门别类地放进了相应的抽屉里。

我们需要将信息按照"不同的抽屉"重新码一码（如表 8-1 所示）。

表 8-1　抽屉分类法

抽屉序号	属性	物品
抽屉 1	保证出行的	钱包、身份证、火车票
抽屉 2	保持通信的	手机、充电器
抽屉 3	寻找方向的	地图、指南针、手电筒
抽屉 4	让我们玩得更尽兴的	遮阳帽、药品、相机、防晒霜

你可以按照物品类别、方位（东南西北）、时间的先后顺序（事前、事中、事后）和事物的重要程度（主要、次要），重新梳

理信息。当我们把信息分门别类（依旧不要超过 5 个分类）地码好后，大脑便可以更轻松地接收了。

◉ 第二招：精练出关键词

把信息进行分类以后，为了方便记忆，我们还可以赋予每一类信息一些便于记忆的关键词。

就上面的例子来说，关键词可以是走得出去、喊得出来、找得到路、玩得开心。

走得出去：钱包、身份证、火车票。

喊得出来：手机、充电器。

找得到路：地图、指南针、手电筒。

玩得开心：遮阳帽、药品、相机、防晒霜。

这样，记起来是不是更轻松了呢？

有些人出门容易丢三落四，于是总结了一个"伸手要钱（身份证、手机、钥匙、钱包）"的口诀，从此再也没忘记过东西了。这也是一个经典的赋予关键词的案例。

好的关键词让我们一听就能记住，一旦记住就不会忘记。

◉ 第三招：找到一个逻辑

给分散的信息找到一个内在的"逻辑"，它们就会被串起来。被加工过的信息一旦进入长时记忆被储存起来，就不会轻易被忘记。

✓ 时间先后逻辑：

打开钱包，拿出身份证，买火车票。

✓ 空间逻辑（上下左右、东南西北）：

头上戴着帽子，脸上涂点防晒霜，胸前挂着相机，裤兜里揣着拉肚子的药。

✓ 必备要素逻辑：

在漆黑的夜里，找路时需要你拿着手电筒，照着地图，看着指南针。

你当然还可以设计出更多巧妙的逻辑，让别人更好地记住你说的话。

言必有中：站在别人的立场上说话

有个词，你可能耳熟能详，叫作"换位思考"，讲的是你能够真切感受到别人的感受、明白别人的立场、站在别人的角度上看问题。这样做才能准确地理解别人。在理解别人的基础上，你还需要"站在别人的立场上"进行表达。只有这样，才能说中关键，说中要害，说中人心。

◉ 跟随别人的眼睛，看一个方向

某天清早，一位求职者去面试，下了公交车后不知道该怎么走，只好打电话向 HR 求助："请问，我在公交站，怎么才能到公司呢？"

HR 流利地说："你下公交车，向东走，第一个路口右转，500米，马路西边的楼就是了。"

面试者一边迅速辨认着"上北下南"，一边在电话这边小声念叨着。

HR 感觉到了电话那头的求职者正晕头转向，马上换了个说法。

"下了公交车，你迎着太阳，顺着马路边，一直往前走。走到第一个有红绿灯的地方，顺着马路往右转，看见麦当劳，再往前走一点。你就能看到公司的广告牌了。

"这么说，我就明白了！"面试者胸有成竹地出发了。

你给别人指过路吗？你是否考虑过对方是开车，还是步行？你知道对方的方位感如何吗？会不会使用导航？

刚才这位 HR 显然是给一位正在步行的面试者指路，如果她正站在大厦 20 层的窗口，想让马路对面、立交桥那头的一个正在驾车的面试候选人，进入这栋大厦的地下停车场。那么在她的眼里，驾驶者又该如何"翻山越岭"才能到达呢？

在表达的时候，如果你能"换位"，和别人的眼睛，看向同一个方向，你才能够和他在沟通中分享同样的风景。

◉ 理解别人的处境，保持同一出发点

L 总监，出差到了酒店，因为临时要会见几个当地重要的供应商，他想使用一下酒店的行政会议室。

负责行政会议室的服务员，简单直接地拒绝了 L 总监的要求："您好，先生。行政会议室是需要提前一天预订的。现在您不能使用。"

"但这会议室不是空着吗？我有急事用一下，我的客户都在路上了。回头再给你补个手续不行吗？"

"对不起，这是规定，先生。而且，会议室已经预订给其他客人了。1 个小时以后，客人就要使用。"

"那我就用 1 个小时不行吗？你能不能灵活一点？"

"对不起，先生，这真不行。"

L 总监又急又恼。眼看一场冲突就要升级。

这时候，酒店经理走过来，询问了 L 总监的情况后，这样说：

"L 先生，这个会面对您很重要，您需要一个比较正式的场所。对此我很理解。这个会议室预约的客人，可能一会儿就到了。我想，如果把会议室让给您使用的话，万一您没结束，他们又到了，会打扰您。您看这样好不好？我帮您在中餐厅，预订一间包房，并且让服务员简单布置下，您带着客户去那边可以吗？"

"会议室"的风波化解了。同样是婉言拒绝，"对不起，这是

规定"和"我怕会打扰您"这两种说法，却让人感觉截然不同。能够设身处地地理解别人的感受和处境，这样的换位沟通才能让对方愿意接受。

◉ 了解别人的需要，聚焦在同一个地方

营销课上，一个最基本的练习是卖水。

将一瓶 380ml 的小瓶矿泉水，分别推销给办公室的白领、IT男及办公室主任。我们该如何执行呢？

优秀的销售人员总是能变换不同的沟通方式，推荐自己的产品。

他会对办公室白领说：这个 380ml 的水，体积大小正合适放到您的包里。背起来又不重，特别方便随身携带。您可以买一瓶在上下班的路上喝。

他会对 IT 男说：这个矿泉水是弱碱性的，您长期对着电脑，加班多，难免会有慢性疲劳的问题。多喝点对健康有好处。

他会对办公室主任说：这个矿泉水品牌很上档次，价格又不贵。您采购后摆在桌子上，不管是开会时用，还是招待客户时拿出来，都显得有品质。量也刚刚好，不会造成浪费。

过于口若悬河、夸夸其谈，却丝毫无法打动客户，甚至把客户"吓跑了"的销售人员大有人在，"王婆卖瓜，自卖自夸"式的沟通，总是难以击中人心。因为，你说的未必是对方所需要和在意的。即使同一个产品，聪明的销售人员也会找到不一样的卖点。换

位思考，说中对方真正需要的，才是有价值的话。

言多必失：说话之前先过筛子

说出去的话要有三个筛子：真实、善意和慎重。

◉ 有些真话可以不说，说出来的一定要是真话

C君去相亲，想着好好表现一下，特意很认真地打扮了一番。他临走前问自己的好朋友，自己的这一身行头怎么样？C君是个很有朝气的男孩，平日里的生活方式很规律，还时不时去跑马拉松。可是他为了显得"精神"一点，穿了一套有点"刻板"的正装，还把头发梳得油亮。这让他看上去有点滑稽。如果你是他的好友，你会怎么说？

国学家季羡林先生说过一句关于处事的话："真话不全说，假话全不说。"这句话讲出了此刻的解决之道。对于朋友和同事，我们应真诚相待，但是真诚相待却不等于任何事情都应全盘托出。哪些真话是可以讲的，判断哪些是真话可能要掂量一下，为自己的"处境"和别人的"心情"多加考虑，这样才能避免"言多必失。"

◉ 有些提醒可以不讲，讲出来的一定要是善意的

一个实习生在设计部工作已经满三个月了。拿到实习报告后，

她就可以回学校办理毕业手续，然后找工作。部门的领导和同事们对她都很好。同事们和她熟悉了以后，也和她聊一些对领导的不满。实习生听到大家对公司的一些规章制度很不满意，甚至发现有一个对部门特别重要的同事还想跳槽到其他公司去。临走时，部门领导询问了她的工作情况，并给了她一个红包做奖励。如果你是这位实习生，你会把同事们私下聊天的情况告诉领导吗？

有些时候，我们并不能确定说出某件事后，对他人和局势的影响，也不能确定自己了解到的信息是否属实。可是，我们又想要给别人一个提示，以避免造成伤害和损失，其实我们还有一个可以谨慎表达的方式，那就是善意提醒。为了避免自己的"好心办坏事"，点到为止才能避免"祸从口出"。

◉ 有些建议可以不给，给出来的一定要有帮助

M 女士在办公室和 A 是不错的朋友。近日 A 为了职位晋升的问题，苦恼不已。她来找 M 女士，询问自己是不是有实力晋升，能不能给她一些建议。M 女士对这个问题有自己的看法，也了解这位同事的优势和不足。如果你是 M 女士，你会给同事提建议吗？

作为管理者的你，作为专家的你，作为朋友和同事的你，是否确认你认为"对"的选择和建议，对于别人来说也一定是"对"的？你的"肺腑"之言、过往经验，真能够帮助别人吗？特别是当别人在面临重大的选择和重要的事件的时候，我们的建议更应该慎

重。这并不是因为害怕承担责任，而恰恰是对他人负责。

不讲闲言碎语

莫在人前论长短，莫在人后论是非。避免去讲别人的闲话，是特别重要的沟通法则。尊重不在场的第三人是你人品非常重要的背书。

很多人在现实中可以做到这一点，但是在网络中却会难以自持。网络的互动有匿名的特点，有时候就助长了我们内心难以自持的冲动。肆意的发泄、诋毁、嘲笑，很多偏激的言论随之而来。"键盘侠""人肉搜索""网络暴力"字字如刀枪，哪怕你只是随波逐流地跟风发泄，吃瓜起哄，一旦造成伤害，也会让自己追悔莫及。

君子慎独，不欺暗室。管理好自己的嘴，也就守住了自己的心。

不秀花言巧语

很多家长为自己的孩子不爱说话而担忧。学习说话的课程层出不穷，各种说话的攻略和技巧应运而生。

然而，语言还是以朴实为贵。

那些浮夸的点赞、精心的套路、各式各样的说服技巧、博眼球的花式演说技巧，都比不过真诚的表达。

树高蝉声细，山高语音低。水深流去远，贵人话语迟。

■ 工作任务换位表达刻意练习任务书 ■

你要对下属布置的一项任务	
这项任务给对方带来的助益是什么	
基于以上的助益你将如何表达	
你用什么样的方式确认这个表达有效	

攻略 9

秒懂三步：说别人听得懂的话

"我以为我说明白了"和"我以为你懂了"是沟通中的两大致命误会。每个人都在用语言编织一个属于自己的世界，而每一个世界又是如此"惊人"的千差万别。

在《圣经·创世纪》中描写过一些通天塔的故事。人们为了传扬自己的名声，挑战神的权威，要合力造一座通天塔。耶和华说："他们成为一样的人民，都说一样的言语，如今做起这事来，以后他们所要做的事就没有成就不了的。我们下去在那里变乱他们的口音，使他们的言语彼此不通。"于是，耶和华轻而易举地就使人们各自分散，通天塔也从此停工了。

语言是一个神奇的礼物。人类有了语言才可以彼此靠近，而同样也是因为语言才有了各种阻碍和误会。阻挡我们的不仅是语言的种类、不同的口音及俚语。即使是同一个民族，同一座城市，我们也都会有不同的经历背景，并为此有不同的理解；我们有各自擅长的专业领域，在各种小团体里有着局外人所不能理解的"暗语"。语言是桥，也是墙。我们必须学会"搭桥"与"拆墙"，说别人听得懂的话。

◉ 同步体验

莉诺亚公主病倒了。国王说："我会满足你的任何心愿，只要让你能好起来。"公主说："如果我能得到月亮，我就会好起来。"国王有很多智者。于是，他叫来了宫廷魔术师、宫廷算术家，但他们没有一个人能帮公主得到月亮，他们说："月亮在 30 万英里之外，有半个王国那么大。"国王十分愤怒，把他们都赶走了。这时候，宫廷小丑说："国王，他们是智者，说的应该没错。但我们要弄清楚的是，莉诺亚公主认为月亮有多大，有多远。"说完，他就走进了公主的房间。

"你有没有把月亮带来？"公主问道。"还没有，"宫廷小丑说，"但是我马上去给您取。您觉得月亮有多大？""比我的拇指指甲盖小一点点，"公主说，"因为我举起拇指指甲的时候，它能盖住月亮。""那么月亮离我们有多远呢？"宫廷小丑问。"就在我窗外的大树那里，"公主说，"因为有时候，月亮就挂在树梢。"接着，他又问："月亮是什么做的？"

公主说："傻瓜，当然是金子做的。"

"给您拿月亮再简单不过了，"宫廷小丑说，"今晚我爬到树上，等月亮挂到树梢，我就给您摘下来。"

离开公主的房间，宫廷小丑就去了宫廷金匠那里。他让宫廷金匠做了个有小圆饼形状的坠子的金项链，这样公主就可以把月亮戴在脖子上了。

公主万分高兴。第二天，她的病就好了。

✓ 巧翻译

语言是一个符号，它通向我们每个人内在的感受、观念、经验系统。我们不能想当然地去理解对方的意思，要学会"翻译"对方的想法。故事中，同样是月亮，在孩子心里和在智者心里完全是两件事。当男性和女性一起探讨婚姻生活时，他们对于"浪漫""责任""情感"这些词，也都会有不同的解读。管理者经常对员工说："你要为自己工作！"员工对此却不买账，因为他们对"为自己工作"的理解可能与管理者说的根本就不是一回事。要知道两个人之间，基于年龄、性别、职业等差距，内在的主观世界往往是大相径庭的。

翻译对方的主观体验，可以使用：

"你说的……是……的意思吗？"

"你说的……能举个例子吗？"

"我理解的……是……你理解是这样吗？"

小练习

在聚会中，让每个人都写下"幸福"的定义。看看大家对幸福的理解有什么不同？

✓ 打比方

炼钢厂在儿童节接待职工家属"小朋友"参观车间。在给小朋友解释炼钢有"电炼"和"火炼"两种不同方法的时候，怎么才能让小朋友明白呢？车间的师傅想出了一个好办法。

"小朋友，你们在家里看过妈妈做饭吗？"

"看过……"孩子们兴奋地七嘴八舌起来。

"我们是不是要先在锅里装好米？有时候，还会在米里放上豆子。"

"对！""还有水！"孩子们争先恐后地说。

"对啦。然后我们是不是就开始煮饭了？有时候我们会用电饭煲，插好电，按下开关。有时候我们会把装米的锅直接放在煤气灶上，然后点着火。煮熟了，再把火关掉。"

"我们家是电饭煲！""我妈妈煮粥时就用煤气。"

"好，大家都很聪明啊！炼钢其实也是这样的。我们把材料放进这个大锅里，然后也有用电炼和用火炼两种方式。你们看电炼也有好多按钮。火炼就是要点火。等时间到了，这个大锅里面就是钢了。就像米饭可以出锅了一样！"

打比方的步骤如下。

➤ 寻找对方的"台阶"

我们需要根据对方的理解能力、认知水平、人生经验的多少，选择用什么样的方式、什么样的"标的物"来打比方。这个标的物可以是物、人、事、过程等。

> ➤ 对"标的物"进行确认

向对方确认，你想打比方的这个标的物，对方是否熟悉。
例如，"小朋友们，你们在家看过妈妈做饭吗？"

> ➤ 将想要说明的事物和标的物进行类比

描述标的物的特点，再描述要说明的事物的特点。两者实现对照。

"有时候我们会用电饭煲，插好电，按下开关。有时候我们会把装米的锅直接放在煤气灶上，然后点着火。煮熟了，再把火关掉。"

"你们看电炼也有好多按钮。火炼就是要点火。等时间到了，这个大锅里面就是钢了。就像米饭可以出锅了一样！"

小练习

请你使用打比方的方式给从来没点过外卖的老年人，讲解一款外卖 App 的操作步骤。

◉ 融入团体

管理顾问在进入某日资企业进行咨询服务的过程中，经常会听到在日企的中国员工说一些"怪怪"的词，诸如"检讨""打和""纳期"。他们发现有关"企划部"，日本企业使用的词语也是不同的，它们使用"企画"。"检讨"其实和犯了错没关系，而是说我们一起来"讨论讨论""商量商量"的意思。"打和"也没有那么多"火药味"，其实说的是我们一起"磋商""研讨""开个会"。"纳期"是指最后的交付期限。如果你不熟悉这些词语，在沟通中就无法与对方达成默契。而如果你作为外部的供应商，坚持使用自己熟悉的词，与大家一起工作时不断强调："我们'头脑风暴'一下吧！""我们要'碰'一下。""请大家注意我们的'deadline'。"就会显得特别"不和谐"。而如果你能稍微注意一下，使用对方惯用的语言，说："那我们也'检讨'一下？"你就会发现，沟通会变得非常流畅。

✓ 使用相同的词汇

观察新接触的组织、团体、家庭在沟通时使用的词汇，是良好沟通的开始。你不仅仅是"翻译"了一个词，还要同时理解这个词背后的感觉。例如，在互联网公司，百度的同事之间喜欢称"伙伴"，京东的同事之间喜欢称"兄弟"。你要把这些词语和感觉都同步翻译。

与他人的主观经验世界进行顺畅交流，最便捷的方式就是使用相同的词汇体系。

随着互联网的发展，网络语言、表情包成为现代人交流不可或缺的元素。连官方媒体，也在公开发布的新闻、讲话中使用"蛮拼的""硬核""敲黑板"等流行词。

使用相同的词汇，是在沟通中同步体验最好的"桥梁"。

✔ 适应节奏和习惯

除了词汇的不同，每个组织也都有自己的沟通节奏和习惯。有的沟通节奏很快，有的沟通要按流程操作。有的人周末不谈工作，有的人 24 小时随时需要回复。不同的联络者、不同的上级有着不尽相同的节奏、习惯。

✔ 熟悉规则和忌讳

在互联网公司，你去参加一个重要会议，穿个休闲 T 恤是没有人介意的。女同事不化妆也没有人觉得有什么不妥。然而，在日本公司的洗手间，你可以随时看到补妆的女同事。在班车和公共空间里要低声说话，甚至保持沉默，也是日本公司不成文的规则。熟悉规则和了解忌讳，同样可以让你在沟通中避免尴尬、犯错。

◉ 跨出专业

很多时候，我们会对别人说一些道理、解释专业典故……可引经据典说了半天，对方的表情还可能是"天然呆"，根本没听懂。对此，我们总会感叹说："唉，夏虫不可语于冰。"其实，能给"夏虫"讲明白"冰"的世界，才是真正的沟通高手。

国外有句谚语"Say it simple and stupid."翻译过来就是，讲话既要"简单"也要"蠢笨"。蠢笨不是真的笨，而是一种通俗易懂、深入浅出、让别人能够听懂的大智慧。在沟通时，这对于很多专业人士尤为重要。

✓ 寻找大众化的词汇

精神分析是心理学理论里最"艰深晦涩"的治疗流派，其内容庞大，分支庞杂，各种专业词汇纵横交叉。因此常让很多感兴趣的"门外汉"望而却步。虽然"原生家庭""依恋""防御"等词已经开始进入公众的视野。但是想把这一套学问介绍给大众还是有一定的挑战性的。很多有智慧的老师会寻找大众化的词汇，翻译出学问的精髓。例如，张久祥老师在讲解防御机制的时候会这样解释：防御机制，就是人行走社会，穿的"盔甲"；"投射"这个防御，就是"以己度人"；"回避"这个防御，就是"一朝被蛇咬，十年怕井绳"。将专业术语对应起通俗词汇，这是走出专业限制"说人话"。

✓ 转化成通俗的印象

妇产科男医生"老六"，是一个在网上十分受欢迎的妇科知识科普作者。最近他出了一本书叫《女生呵护指南》。为了让科普知识直观易懂，他想了很多办法。用口红色号来说明经血颜色和健康的关系，用甜甜圈来模拟宫颈的各种状态，用西瓜来模拟人工流产的过程，等等。当严谨精密的医学知识变成了身边常见的通俗体验，专业开始变得"生动"。

✓ 寻找相同的规律

随着网剧开始流行，你会发现，无论故事的节奏还是剧中人物说台词的速度都在变快。对于剧作者来说，叙述故事的方式也不再是传统的单一线索叙事，不再是"一人一事一线到底"，整个故事就围绕着一个人物起承转合，山回路转。他们会更多地采用多线索叙事、板块式的结构。人物变多了，情境变多了。有限时间内的信息量变大了。这很符合现代观众喜欢快节奏、观看时间碎片化、信息接收方式碎片化的特点。同样，知识课堂也开始搬到了网络上。很多的知识付费课程产品也流行于网络。课程的内容也同样变得情境化、碎片化、快节奏化。听一个老师长篇大论、娓娓道来的课程形式也渐渐消失了。这也是现代听众的心理特点和收听习惯所决定的。

一个编剧和一名讲师，可以在这些共同规律上多加交流，相信这不仅可以引起双方的共鸣，可能还会实现跨界的整合，给各自增添不少新的思路和启发。

如果你读过南怀瑾先生的《金刚经说什么》，相信就会有这样的体会。南老先生深入浅出、通俗幽默，把一部"不可思议"的经典，讲得生动有趣，让不同层面的人得到了不同的收获。另外，读者在人生的不同阶段随时重温，还会有不同的感悟。恐怕这就是超越专业的最高境界了。

◼ 专业术语打比方刻意练习任务书 ◼

你需要解释的一个专业术语	
听众是什么样的人	
基于对听众的理解，你打算怎么"打比方"	
你用什么样的方式确认对方听懂了这个表达	

攻略 *10*

递进式表达：分清事实、感受与诉求

沟通双方一旦出现"观点"和"评价"的分歧，矛盾也就随之产生，冲突继而升级。学会表达事实是让沟通回归正轨的"稳定剂"。事实是共识的起点。

你为什么不爱我

A 女：你从来不记得我的生日！

B 女：你就是一个不懂浪漫的人。

C 女：你连我的生日都不记得，我们怎么继续相处！

D 女：你是不是不爱我？

E 女：我天天忙里忙外，你连我的生日都不记得！

我们的表达本来是希望自己被看到，可是却忽略了被关注、被理解的前提是对方能够"收到"你的"需要"。如果对方收到的是评价、指责、质疑、抱怨，是旁敲侧击、满腹牢骚，又怎会听得懂你真正的意思呢？

办公室里的"战斗"升级

销售 A：我要找你谈谈。

销售 B：什么事？

销售 A：你懂不懂规矩，为什么抢我的客户？

销售 B：谁抢你的客户了！

销售 A：你自己做的事还不承认。这保护系统里，××客户是我先在市场活动里联系的，怎么就成了你的了？

销售 B：谁能证明你联系过这个客户？我可是按公司规定操作的，这个客户就应该是我的。

销售 A：嘿，你还有理了！趁着我休假没来得及跟进，你这不是乘人之危嘛！

销售 B：你别血口喷人，你自己对工作不负责任，还怪别人！

......

一场同事之间的小摩擦，就这样上升为人身攻击了。

我们的表达本来是想维护自己的立场，可是一不留神脱口而出的是"你抢我的客户""你不懂规矩""你乘人之危""你血口喷人""你不负责任"，负面的评价、定论、指责，充满了攻击性，你是否觉察到了呢？

谈话中的"定时炸弹"

对话中有五个"定时炸弹"，特别容易引爆情绪，使谈话不好收场。

★ 炸弹 1 定论：

"应该"、对错、偏执的信念、负面的结论，特别容易把"逆反型"引爆。

★ 炸弹 2 评价：

"你是个什么样的人""你这个做得怎么样"，特别容易把"敏感型"引爆。

★ 炸弹 3 指责：

"都是因为你""你这样不对""都是你的责任"，特别容易把"逃避型"引爆。

★ 炸弹 4 质疑：

各种怀疑、不相信、试探，特别容易把"不耐烦型"引爆。

★ 炸弹 5 抱怨：

诉苦、埋怨、唠叨、满腹牢骚，此弹杀伤力广泛，人人避之不及。

⊙ "定时炸弹"启动内隐记忆

为什么这些表达会造成沟通失败呢？

在大脑的杏仁核里，主要存储的是我们的内隐记忆。内隐记忆是从我们出生就存在的，包括我们没有掌握语言之前的记忆。它是一些和情绪反应、认知观点、躯体感觉相关的记忆。我们可以简单地理解为身体记忆和情感记忆。

在每个人的内隐记忆里，都会有一些让自己不舒服的体验。有的是"害怕被批评"，有的是"害怕自己没用"，有的是"害怕承担责任"，有的是"害怕失去自由"。当风平浪静的时候，这些不舒服的感觉不会对我们有什么影响；而我们一旦被对话中的"语言"（特别是评价、质疑、指责、抱怨）所触动，负面情绪则会被一瞬间引爆。

因此，在谈话中，我们尽量不使用这几种谈话方式。特别是在表达需要、寻求理解、协商问题解决方法的时候。

大脑里还有个器官叫作"海马"，它负责存储外显记忆。外显记忆是需要意识和经验参与加工的记忆，是比内隐记忆更"客观"、更"理性"的记忆。如果我们把不舒服的内隐记忆，即不适的直觉，比作是"老虎"的话，每个人都会"谈虎色变"。那么在谈话中，如果我们要绕开内隐记忆的"老虎"，让外显记忆多工作，该怎么表达呢？

我们要学会在谈话中，多讲事实，少说评价。

小测试

心理学家伊夫·亚历山大·塔尔曼（Yres Alexander Thalman）

曾编制了一个测试，以测试人们是否是一个喜好评价的人。

1. 有人向你介绍朋友 7 岁的女儿，她低着头，看着地面，不回答你提出的问题，你对自己说：

　　A. 她很害羞

　　B. 她可能在生气

　　C. 她可能没有听懂我的问题

2. 你刚打翻了咖啡杯，你脑海中闪过的第一个念头是：

　　A. 我真笨

　　B. 糟糕！不过也没什么大不了的

　　C. 快，抹布在哪里

3. 看到某些年轻人出格的举止，你的反应是：

　　A. 他们真粗野，没有教养，不懂得尊重人

　　B. 他们正处于叛逆期

　　C. 他们这么做是为了吸引注意力

4. 在公路上，一位司机危险地超了你的车，你大声说：

　　A. 真是有病

　　B. 他没有好好评估车间距离

　　C. 有这样的人在路上，我要加倍小心

5. 去银行取钱，前面的顾客需要分三次才能取够他想要的现金，你觉得：

　　A. 这些取款机的设计真差劲

　　B. 这个人太笨了

　　C. 他看起来遇到了困难，但愿轮到我取钱的时候不再出问题

6. 你从电影院出来，别人问你对刚看的电影的看法，你回答说：

　　A. 演员们演得真不错

　　B. 这部电影棒极了

　　C. 我很喜欢这部电影

7. 你受邀去朋友家做客，他按照新菜谱准备了一道菜，吃完饭后，你赞道：

　　A. 你真是一个出类拔萃的烹饪高手

　　B. 太棒了，你做的菜真是太可口了

　　C. 我很喜欢你做的菜

8. 领导交给你一项任务，但你没能很好地完成，对此你会：

　　A. 你觉得自己不称职

　　B. 你对自己说任务实在太难了，并不会因此质疑自己的能力

　　C. 你试图寻求帮助，或请求与老板面谈，以解释你所遇到的困难

9. 面对意见或分歧，你习惯说：

　　A. 你的看法是错误的

　　B. 你肯定错了

　　C. 我不同意你的意见

10. 碰到一个肥胖的人，你的第一反应是：

　　A. 他太胖了

　　B. 他应该少吃点

　　C. 我可不希望像他那样

11. 一个母亲看见大儿子在打小儿子，你认为她应该怎样对他们说：

A. 打人是不好的事情

B. 欺负比你小的人，你难道不羞耻吗？你如果再这样，我就让你好看

C. 我禁止你打自己的弟弟

12. 为了答谢你的帮助，邻居送你一个礼物，你的反应是：

A. 他真是太客气了

B. 这是他的心意

C. 这令我很开心

你所选的答案绝大多数是哪个字母，你就更倾向于哪种类型。

类型 A：至高无上的评判者

能对人和事迅速给出坚决而明确的评判，评判多指向价值观。

你理解世界的优点是力求清晰，因为那会令你心安。在你的眼中，好坏或者对错有着明确的界限。这使你能够做出明确、决然的评价，而且你从来都是毫无保留地做出评价。

问题是，你倾向于将自己的观点强加给别人，似乎你的观点就是唯一的真理。事实上，衡量和形容事物的方式有很多种，而且人也是复杂多变的，不应该给他人贴上固定的标签。你与他人的紧张和分歧，会融入你的评判当中，从而导致你的意见出现偏颇。

努力的方向：从不同的角度看问题；尝试理解与你意见不一致的人的想法和感受；仔细听完别人的意见；尝试描述自己的感

受，而不是评价。

类型 B：好坏皆有可能的评价者

更多地评判行动或情境，而不是人，这些评判往往模棱两可，因此不够明确。

你要明白，不能通过某种行为来界定一个人。情境对每个人的反应都有着重要的影响。孩子不回答，不一定是因为她害羞，很可能是因为她没听懂问题。你不应在很短的时间里，就做出最终的评判。

努力的方向：放下评价，把注意力放在自己想改善的部分，找到自己的目标。

类型 C：观察者

主要倾向于描述自己的所见所闻，而不是要为其定性。

你总是试着描述自己的感受，而不会妄加评论。这会令你与人有愉悦的沟通，别人会对你产生友善的印象。你不会把自己的观点视为唯一的真理，也不会试图把自己的意见强加于人。

努力的方向：不评价不等于麻木不仁，你依旧要保持积极的态度和行动。

◉ 递进式表达 ABC

在渴望理解、表达期待、传递建议、表达拒绝、寻求支持等需要对他人实施影响的对话中，我们一不留神就会把别人的情绪

"炸弹"引爆。为了达成自己的愿望，我们必须说得"给力"，这个力还不能是杀伤力、暴力，而是影响力。

你可以试试递进式表达 ABC。

A—affairs，说出现实的状况，摆事实、列数据；

B—boring，表达令自己烦恼的感受，引发共鸣；

C—change，明确提出改变的诉求。

✔ 讲事实

所有的事实都毋庸置疑，客观中立，没有主观色彩。因此，我们很难去质疑事实，因为客观的事实胜于雄辩。讲述事实就是"述而不论"的沟通力量。

✔ 讲感受

单纯的情感表达比较容易让人接受，因为情感是主观的感受。当我们仅仅是不带评价、指责和判断去表达自己的感受，并且没有对他人的攻击性时，对方很难去质疑情感，因为所有的情感都是共通的。

✔ 讲诉求

诉求要明确：

［错误］我希望你能理解我。

［正确］我每天很晚才下班，回家后就想休息下，不想再聊天。

诉求要具体：

［错误］咱们开会研究一下吧。

［正确］咱们开会把分工的事研究一下吧。

诉求要量化：

［错误］请你做一个计划。

［正确］请你每月做一次计划。

诉求要正面：

［错误］我希望这个制度不要太烦琐。

［正确］这个制度要简单，其中的规定不要超过 10 条。

诉求要适度：

［错误］你把酒戒掉吧。

［正确］我们能每天少喝一杯吗？

小练习

你能判断下列哪些是事实的描述，哪些又不是吗？

1. "他昨天无缘无故地对我发脾气！"——"无缘无故"，抱怨，
   隐含的评价。

2. "她一边做作业，一边看手机。"——事实。

3. "你工作的时间太长了。"——"太长了"，评价。

4. "在会上，经理完全不理我的意见。"——指责，隐含的
   评价。

5. "他爸爸是个好人。"——评价。

6. "这周每天早上他都是第一个到。"——事实。

7. "我儿子经常不刷牙。"——"经常"，评价。

8. "我觉得这个事情不对。"——评价。

9. "我感觉，你是不是对我有意见？"——评价、质疑。

10. "有你这样的队友，不输才怪，大家都白努力了！"——评价、指责、抱怨。

从头脑回到内心

评价来自我们的头脑，感受来自我们的内心。评价者需要训练自己多使用"心"，少用"脑"，因为我们的"心"才更接近真相。《心理月刊》中给了这样的建议，当你被评价或者准备评价他人时，可以先按下暂停键，先对自己的身体和情绪做一个扫描：

1. 扫描你的身体：

我现在怎么了？我的身体告诉我什么？

心跳加速？口干？呼吸？手心出汗？握拳了？心口堵？

2. 扫描你的情绪：

我的感觉是什么？

被攻击？担心？生气？受到挑战？害怕？愤怒？

3. 扫描你的思维：

我的思维在专注于什么？

我是在想该如何辩解吗？

我在想用什么评价他、激怒他吗？

我在考虑后果吗？

◼ 递进式表达 ABC 刻意练习任务书 ◼

请对以下常见的职场沟通问题，使用递进式表达

• 对领导说："我今天不能加班。"

A _____

B _____

C _____

• 对同事说："你们如果不完成，会耽误我的工作。"

A _____

B _____

C _____

• 对下属说："你这个方案做的太差了。"

A _____

B _____

C _____

你还遇到了哪些特别适合使用递进式表达的沟通情境，把它记录下来。

_____

_____

_____

攻略 *11*

气场提升极简攻略：塑造你的非语言信息

> 我们总是习惯把焦点放在"我要去说什么"，而往往忽略了"我是怎么说的"。怎么说很多时候来自于非语言的信息传递，这就是你谈话的"气场"。

非语言信息就是你的"气场"

1960 年 9 月 26 日的美国总统竞选辩论第一次在电视上进行转播。从此，不仅诞生了第一位"电视总统"肯尼迪，同时也让大家开始关注"个人气场"的重要意义。形象顾问开始成为一个新兴的职业。候选人在电视直播中的表现不再仅仅取决于言论的内容，还与穿着、姿势甚至化妆效果密切相关。尼克松总统面色苍白并面带胡茬，在录制现场的灯光的照射下，还出了很多汗，"懒汉剃须"粉被汗水冲出隐隐约约的沟痕。在着装上，尼克松选择的浅灰色西装与台上的背景近乎一致，更突显了他苍白的肤色。而肯尼迪总统干练的发型为他增色不少，一身深色的西装也让他在画面中尤为突出。他把双手端正地放置于稳稳翘起的腿上，显得尤为自信，充满了魅力。于是，民众似乎记不得他们都"说了什么"，而把选票投给了心目中拥有"总统气场"的肯尼迪。

美国心理学教授艾尔伯·梅若比（Albert Metowbian）经过大量研究，总结出个人在公众沟通中，个人魅力的具体展现公式：

个人魅力 = 身体语言 55%+ 声音语言 38%+ 言辞语言 7%

这意味着，你的个人魅力，也就是你的"气场"，有 55% 来自身体语言的塑造，38% 来自声调、音量、音色传递的感觉，只有 7% 来自言语的内容本身。而我们习惯于把焦点放在"你说了什么""我要去说什么"，往往容易忽略在沟通中引发纷争的导火索，恰恰是"我是怎么说的"。

对非语言信息的误解

◎ 不要照本宣科

非语言信息包括很多内容：身体的动作、表情、眼神、声音、触碰、着装、外貌……我们对非语言信息的各项研究已经越来越趋于专业化，例如，服饰与礼仪、声音的控制技巧已经从专业领域开始进入大众的职业化、生活化社交的领域，微表情、人际距离学等研究也独立成为一门新兴的学科。然而，随之而来的问题是，我们在生活和工作中一定要按照这些研究标准来操作吗？

在最新的人际距离学中，人类学家爱德华·霍尔（Edward Hall）定义了我们在日常生活中的四种距离：亲密距离、个人距离、社交距离和公共距离。这四种距离分别代表着我们人际关系的远近。霍尔还指出了每个距离的大小，例如，亲密距离为 0.5 米以内，多发生于私人情境中；个人距离介于 0.5 米到 1.2 米之间，人们可以在这个距离内进行沟通；社交距离为 1.2 米到 3.6 米之间，这个距离大多是商业行为；3.6 米以外是公共空间，几乎不会发生一对一的谈话。

那么问题来了，我们走出去和别人交流的时候，需要带个尺子吗？在拥挤的车站与旅游景点，我们是否有条件时刻保持这个距离？如果你的老板站在你身边和你谈话，你是否要跳到 0.5 米开外？

关于非语言的交流习惯，受文化、性别、地域影响差异很大。照本宣科反而会让你显得局促，甚至东施效颦。我们要体会的是这些标准背后隐藏的提升个人气场和魅力的"本质"。例如，对于社交距离，本质上讲的是人与人之间的安全感。你要根据不同的情境体会"安全"的感觉，而非单纯地计算距离的长短。这时候，你会在实践中发现，所谓"安全距离"就是两个人去握手的时候，两只手刚刚可以接触，又不会太近的那个距离。因为在那个位置上，你们近一步可以互相给一个拥抱，退一步也可以随时抽身而走。"进退自如"不就是最安全的距离吗？

◎ 在情境中体会意义

有一部知名的美剧《别对我说谎》（*Lie to me*），是根据行为学专家保罗·艾克曼（Paul Ekman）博士的真实研究及其畅销书《说谎》（*Telling Lies*）改编的，讲的是调查小组通过对人的面部表情和身体动作的观察，来探测人们是否在撒谎来还原案件真相的故事。每一个故事都把各种细致入微的对非语言的观察，演绎得出神入化。摸一摸鼻子、耸一耸肩膀，都会成为直接识破人心的方法。然而，这些"诀窍"真的有用吗？某个姿势一定代表着相应地心理反应吗？

很多非语言信息，特别是身体姿势和个人的习惯关系很大。例如，双手叉于胸前，跷起二郎腿，把手揣到兜里，这些动作很可能只是我们在一些环境里养成的习惯，或者在某个时期由于模仿而留下的痕迹，而并非完全对应于研究中所得出的具体意义。

例如，双臂交叉放于胸前，很多人就有这个动作习惯，还可能是在沟通中由于胃痛而下意识地做出的一个"保护"，这并不意味着，这个动作在沟通中就一定像教科书上说的代表着"拒绝"。在拍照的时候，特别是对于一些商务人像摄影，很多摄影师都特别喜欢让客户摆出这个双臂交叉在胸前的姿势，再配合微笑而自信的表情，会传递出一种自信、成功、气宇轩昂的气质。这似乎与理论中的解读大相径庭。

所以千万不要相信每一个动作都有一个单一的固定的判断标准。其实人的每一个下意识的行为，都有着大量的"前因后果"。

和人物的性格、前史、事情的发展、相关的情境等要素息息相关。我们必须把这些非语言信息放到特定的情境中分析才有意义。

◉ 不要忽略语言的沟通

艾尔伯·梅若比的魅力公式告诉我们，言语的信息只占 7% 的比例。那么这是不是就意味着，如何进行言辞的表达及如何对语言内容进行斟酌就不重要呢？当然不是，我们不能忽略这个公式提出的背景。这个公式的研究，并没有加入人际关系的因素。也就是说，这个公式适用于广泛的公众场合的社交。也可以理解为，这更适用于我们的首次印象、初步印象的原则。一旦涉及比较深的人际关系，特别是真正的亲密关系，这些非语言信息，慢慢地变成了你的性格特点和整体印象的一部分，被对方所接受。这时候它传递的影响力就不那么大了。这就像你有一个大嗓门的朋友。你刚认识他的时候，的确觉得他有点"高调"，可是时间长了，你可能和他一起时也会嗓门大起来。你哪里还会那么在意他的嗓门给你带来的影响呢？

三招扫描自己的气场

◉ 拍照之前看看表情

在 55% 的肢体信息中，衣着打扮、肢体动作、握手等是我们比较容易注意到的。这里面我们最容易忽略的是表情。你的脸上，藏着你的故事。一个人的脸，是别人初次见面时对其做出直觉的判断的依据。所以，你可以在每次拿起手机准备自拍之前，关掉美颜，有意识地留意下，你还没来得及摆出表情之前的"元表情"，也就是你一个人独处时候的样子。你的眉头是否紧凑？你的眼睛是否有神？你的嘴角是向上的还是向下的？这个样子是你的"元表情"，也是你在与人交往中，一旦放松下来，无意识中的"真实"状态。

◉ 微信之后听听声音

我们每天都在说话，但是如果我们不是一个专业依靠"声音"去工作的人，如播音员、服务人员、老师，其实我们很难真正留意自己的发音和语调、语速在沟通中的表现。要想留意这个表现，其实非常简单，就是利用微信。

发微信已经成为一种重要的沟通方式。不知道大家是不是有回听自己声音的习惯。其实每一次发完语音，如果你能回听一下，就会对自己的声音形象有一个大致的了解。我们对自己不必像主持人那样要求很高，也不必请专家来分析。我们自己听一听，自己的声音是否足够稳定、有力量、亲和，就能够有很多发现，从而做出有意识的调整。你也可以在下一次发重要的语音之前，给自己的微信助手先发一遍自己的表达。听一听，重新整理整理，再发给对方。相信经过一段时间的有意识的调整，你的音调、语速、声音的感觉，都会调整到一个令自己比较满意的状态。

⊙ 吃饭之时想想吃相

我们对于自己体态、姿态的觉察，也是日常一个重要的功课。你的行走坐卧均反映出你的精神状态。我们都觉得接受过军事训练和形体训练的人，身材特别挺拔，感觉很有气质。挺胸抬头，站如松，坐如钟，的确可以作为我们努力的方向。但还有一个特别容易"暴露"我们"原始状态"的地方，千万不要忽略，就是我们的"吃相"。人们在吃饭的时候，特别容易回归"自然态"和"生物本能"，因而特别容易"原形毕露"。所以，你的教养都在你的"吃相"里。你不妨在吃饭的时候，下意识地停下筷子，体会一下自己的状态。你是否吃得太快、太急？你的嘴里是否会发出声响？你的头是否埋得太低？你与食物的关系默默地传递着你和整个世界的关系。

三招改善自己的气场

⊙ 微笑

20 世纪 80 年代，心理学家做了一项有关微笑的心理学实验。实验将参与者随机分为两组，观看同一部影片，影片的故事情节有喜有悲。第一组人被要求牙齿咬住铅笔，嘴咧开成微笑状态观看；第二组人被要求嘴唇抿着铅笔，嘴角成向下状态观看。调查发现，牙齿咬着铅笔的参与者，会从影片中看到更多令人开心的事情，始终保持高兴的情绪；而嘴唇抿着铅笔的参与者，会更多地受到影片中难过的事情的影响，情绪颇为悲观。

人们的面部表情和内在情绪往往会无意识地同步。因为大脑可以感受到特定面部肌肉的收缩，当你上扬嘴角的肌肉，大脑会认为，你肯定是遇到什么高兴的事了。自然，更多正能量的画面就被记了下来。同样，当你皱起眉头，大脑会认为你正在生气或担忧，你的关注点也会锁定不开心的故事。所以，当你微笑的时候，更可能从环境和其他人那里感受到积极的情绪，这也会对心情产生巨大的影响。

在现实的社交生活中，微笑和打哈欠一样，也具有传染性，因为我们的"镜像神经元"会让我们感觉到和微笑的人产生了同步。所以如果你更愿意微笑的话，也会让你身边的人情绪好起来。你的气场自然就有了正能量。

◉ 站姿

德国科学家曾做过一项研究，让每个被试都先后选择两种站姿。一种看上去很自信，另一种看上去很犹豫。然后，让人们分别在这两种状态时做出决策。测试的结果是，人们在站姿很自信的时候会更有决断力。自信的姿态也会让你对自己的想法更加有信心。

在另一项研究中，研究人员把被试分成两组，让其分别采取自信或者疑虑的姿态，然后告诉他们，他们在测试中的表现都非常棒。过一会儿，研究人员又让被试进行另一个困难任务，姿态疑虑的一组被试很快就放弃了；而姿态自信的一组会尝试更多。这些被试在先前都曾被表扬为具有很好的应试能力，但是采取自信姿态的被试显然更相信这些信息并把它们内化了。

自信而舒展的姿态也会调节你的大脑，让你感觉到振奋。哈佛大学的研究人员发现，当人们按照一种开放舒展的姿势站立或者坐着的时候，雄性激素的水平会上升，而压力激素皮质醇的水平则会下降。反之，无精打采的姿势会降低你的活力水平。在高度抑郁的人群中，这种影响更加强烈。严重的抑郁症患者往往也有很多躯体问题，身体姿势上的改变将对他们产生非常巨大的影响。

站姿除了会对个体有影响外，也会产生社交影响。其他人会觉察到你的状态，并且对你的姿态做出有意识或无意识的回应。就如我们都会被身边走过的仪仗队的士兵所振奋一样，你的良好站姿也会自然生成一种强大的气场。

◉ 眼神

对非语言的识别经验，我们自古就有研究。曾国藩在识人的时候非常注重看人的眼神。有次李鸿章带了三个人要介绍给曾国藩，曾国藩还没有正式约谈，就说我已经知道他们的底细了。李鸿章对此很惊讶，曾国藩解释道："在散步时，那三个人我都看过了，第一个低头不敢仰视，是一个忠厚的人，可以给他保守的工作；第二个喜欢作假，在人面前很恭敬，等我一转身，便左顾右盼，将来必定阳奉阴违，不能任用；第三个人双目注视，始终挺立不动，他的功名，将不在你我之下，可委以重任。"后来三个人的发展，果然不出曾国藩所料，而第三个人就是刘铭传。

眼睛是心灵的窗户，眼神也是一个人气场的重要展现。你的眼神里藏着你的勇气、志气和骨气。也有你的经历、经验和故事。气场强大的人眼神通常非常坚定、目不斜视、熠熠生辉。谈话的时候，目光既专注又带着尊重和亲和。眼神是个人魅力最集中的展示。修炼你的目光，最能为你的气场加分。

—————— ■ 提升表达气场刻意练习任务书 ■ ——————

请你根据本章的内容以及对相关知识的学习，寻找一下自己有哪些可以提升的非语言气场的线索，并制订相应的提升计划。

非语言气场要素	提升计划
着装	
身体姿势	
常用手势	
沟通中的小动作	
微笑和表情	
眼神	
与他人的距离感	
语音、语调、语速	
其他	

攻略 *12*

台词基本功：设计你说出的每一句话

你的"斟词酌句"里，藏着你走过的路、读过的书和爱过的人。

台词决定人物命运

◉ 编剧和他们的故事

制片方在拿到剧本的时候，经常会吐槽编剧对人物的描写不够精彩，人物"立不住"。除了故事和人物的一些设计技巧以外，还有一个重要的标志就是，对于人物"台词"的编写无法突出人物的性格特点，使这个人物不具备可识别性。在一部精彩的剧本里，即使有众多人物，你也会发现，在好编剧的笔下，几乎没有哪两个人物的"台词"是同样的表达风格。你几乎可以通过剧本中的"某一句话"迅速推断出，这是剧中哪一个人物的"台词"。语言的表达方式和我们内在的人格特征有关，具备非常深刻的个人烙印。我们每个人也都有属于自己的"台词"特点。

◉ 不要去想白色的熊

想要说一件事是有意识而为之的，但你的表述方式却往往是一种无意识的习惯。例如，我们在表达禁止的时候，会自然地表达为："请不要这么做！"但效果如何呢？

有一个经典的心理学游戏，就是不断地对参加者重复一句话："请不要去想一头白色的熊。""请不要去想哦！""不要想一头白色的熊，白色的。"

你会发现，当这一句话不断被重复时，你的脑海里必定全是那一头白色的熊。这是为什么？

原来，无意识的接受方式是无法识别"不"的。虽然意识告诉我们，这是禁止的。但是无意识却会不断地被"白色的熊"所刺激。反复出现白色的熊。这样你就可以解释，为什么很多时候我们越跟孩子强调"你怎么这么慢"，他反而会越来越慢。你的每一句台词，都自带能量、你所强调的、你所担心的总会成为最终"出现"的。

◉ 小"台词"，大作用

S女士是位中学老师，讲课时为了能让每一位同学都尽可能地集中注意力，听清楚要点，她总会反复讲解，并经常询问，"这道题，大家听明白了吗？""这个公式明白了吗？"她从未觉得这样做有什么不妥，也没有哪位同学对此提出过质疑。"听明白了吗"也成了她的口头禅。一天，她在家里与丈夫沟通，一番交代以后，再次脱口而出，"你听明白了吗？"但正好赶上这一天丈夫在工作中遇到了一些烦心事，本来心情就不好，听到这句话后顿时情绪就上来了："你能不能不这么说话，居高临下，你是在训孩子吗？"S女士就愣住了。她没想到自己的这一句话，竟然引起了丈夫如此大的反应。

事后，她仔细思考了一下自己的表达方式，还真未发觉这一句"你听明白了吗"会给他人施加压力。不过这难不倒她。她很快就做出了调整，把这句话改成了"我讲清楚了吗"并推广到了自己的课堂上。没想到，这个不经意的改变竟然大大地改善了她和学生之间的关系。同学们都纷纷反映，"老师你最近很温柔。""老师，您变了，我上课一点也不紧张了，再也不怕您了。"同学们感觉到了老师的改变，但是对于S老师具体做了些什么，他们却不清楚。S老师很清楚，她只是把"你听明白了吗"改成了"我说清楚了吗"。这一句小"台词"，竟然起到了大作用。

警惕让你减分的"台词"

◎ 太过"独断"型语言

"你一定是……"

"我从来不……"

"就应该……"

中国有句俗语，"话到嘴边留半句，理从是处让三分。"说的是，讲话不要太绝对和独断。言辞不要太极端，不要说得太满。在与别人争论时，即使你是对的，也不要得理不饶人。因此，太过独断的台词总是值得斟酌。当然，在一些特殊的时刻，例如，维护自己的尊严和立场，需要你来主持正义和公道的时候，掷地有声、简单坚决的表达，说话"独断"一些也不为过。

◉ 不能承担型语言

"这是规定，我没有办法。"

"这事你可别找我／这事和我没关系。"

"这件事情我没办法。"

很多时候，面对这样说话的合作伙伴、同事、服务人员，我们内心总会升起一股"无名火"，我们生气的原因不是被"拒绝"的事实，而是对方"拒绝承担"的态度。如果我们想成为有责任感的人，就要警惕这样的表达方式。当你的确无法帮助别人的时候，你可以使用下面几个技巧妥善表达：

✓ 把"我"换成"我们"

这个是规定，咱们都没办法。我们都理解一下吧。

✔ 坦述事实在先，给出方案在后

这件事是客票中心在负责，您看我要不要帮您转接一下。

✔ 减少绝对，降低焦虑

目前在咱们这个部门，这件事暂时还没有太好的解决办法。

◉ 能量不足型语言

✔ 被动的表达

"我不得不／我必须得……"换成"我决定／我选择……"

✔ 泄气的表达

"那太难了／我没办法。"换成"我能做到哪一些／我试试这样是不是可以。"

美国心理学家塞利格曼用狗做过一个著名的"习得性无助"的经典实验。他把狗关在笼子里，只要蜂音器一响，就给其难受的电击，狗关在笼子里逃避不了电击，只能默默地承受。多次实验后，他在给狗电击前，却先把笼门打开。可是，蜂音器响时狗不但没逃走，而且是不等电击出现就先倒在地上呻吟和颤抖。本来可以主动地逃避却绝望地等待痛苦的来临，这就是习得性无助。语言就像"蜂音器"，如果我们不断地发出这些被动的、泄气的表达，我们也会让自己变得"言无助"。下一次，还没等自己说出来，我们就会像实验中的小狗一样先泄了气。

◉ 问题导向型语言

"出了什么问题？"

"为什么会导致这个结果？"

"是什么原因，有什么限制？"

"是谁的责任？"

问题导向的语言会让我们无休止地纠缠于问题之中，而答案却不会自动出现。所以我们需要学会把问题导向型语言转化为资源导向型语言，去寻求解决的方案和更多的可能性。

- 我想要什么……
- 我怎样做能达成结果……
- 我有哪些可以用的资源……
- 我可以向谁寻求帮助……

丰富自己的台词风格

我们在外界接收信息，需要使用五感。五感就是：形、声、闻、味、触，即视觉、听觉、嗅觉、味觉、触觉，这是我们的外感官。当外感官接收信息，传入脑后，储存及运用这些信息，则需要内感官的参与。内感官只有三个，即内视觉、内听觉、内感觉（如

表 12-1 所示）。其中味觉、嗅觉、触觉的信息都统一存储在内感觉里。

我们对世界的认知是凭借内感官而存在的，我们的思考和表达都需要从内感官内提取数据，参与完成。在成长的过程中，每个人都不自觉地会选择使用一个或多个内感官。多用景象做思考的人，被称为视觉型；多用声音、语言做思考的人被称为听觉型；多用感受做思考的人则属于感觉型。

◉ 感官类型测试：调动回忆

请你闭上眼睛，回忆你听过的最重要的一场演唱会／一次演出。

A. 你的脑海里出现了详细的画面，颜色丰富，人物的服装清晰。

B. 你的脑海里出现了欢呼声、尖叫声、音乐的旋律。

C. 你感觉整个人又回到了现场，空气里有烟花的味道和激动的心情。

A 是视觉型，B 是听觉型，C 是感觉型。

◉ 感官类型测试：话语表达
✓ 视觉型的人一般会这样说

"你怎么看这件事？"

"前途是光明的。"

"秋天，满地落叶一片金黄。"

"她打扮得十分靓丽。"

✓ 听觉型的人一般会这样说

"让我们谈谈这件事儿吧。"

"你们研究过事情的细节吗？"

"有反对的声音，也不要紧。"

"他说话的声音真好听啊！"

✓ 感觉型的人一般会这样说

"对这件事情，你有把握吗？"

"你说的，我需要消化一下。"

"任何成功都会充满艰辛和挑战。"

"他是一个很让人安心的人。"

与内视觉的人沟通，满足他的眼睛

1. 他很难长时间地集中注意力，所以说话要简短扼要，保持轻快的节奏。

2. 多用手势配合说话的内容，谈话中要多一些变化。

3. 多使用颜色，色彩和画面能吸引他的注意力。

4. 与他分享情境，也鼓励他想象情境。

5. 讨论事情的时候问他，你有什么看法？我们一起来看看还有什么遗漏的，还有什么解决办法？

✓ 提升自己内视觉的方法

1. 找一些可以记住的东西，如台阶、天花板上的电灯，用眼睛去计算，在上课的时候用眼睛去数座位上的人数。

2. 看眼前的风景，然后闭上眼睛，在脑海里把景象里的事物逐一呈现。

3. 用内视觉想象某些人和某些事物的模样，细节越多越好。

与内听觉的人沟通，满足他的耳朵

1. 多倾听，当他说话的时候，点头表现出你在用心聆听。

2. 用有变化的语气，优美的声音，高低快慢的声调，去表示你的意思。

3. 在宁静的环境或柔和的音乐中说话和讨论事情。

4. 要一步一步地说明白，强调次序，适当重复，押韵顺口。

5. 讨论事情时，问他这件事他是怎么说的，还有什么可以补充的，并且同他一起想想还有什么可以谈的。

✓ **提升自己内听觉的方法**

1. 留意环境中的声音，逐一分辨是什么声音。

2. 说话时有意识地注意自己的声调。

3. 听别人说话时，有意识地从说话者的声调中感觉他的情绪
   状态。

与内感觉的人沟通，满足他的内心

1. 尽量多安排与他见面倾谈，说话的语调应较为缓慢低沉，
   并且尽量用多点悠闲的态度对待他。

2. 多询问他的感受，因为他渴望被了解及被接受。

3. 多提及过去的经验和心得，他不在乎看起来或听起来怎样，
   而在乎事情给他的感觉。

4. 让他接触实物的样板，与有关的人直接接触，制造感觉。

5. 讨论事情时问他：你觉得怎么样？你感觉这样会顺利吗？
   还有什么担心的地方吗？

✓ **提升自己内感觉的方法**

1. 每当内心有情绪或感受时，在心里用文字描述它。

2. 体会身体的本体感觉。行走坐卧，吃饭吞咽，感受自己身
   体的感觉。

3. 与众人同处的时候，注意你的身体对每一个在你身旁出现
   的人的感觉和反应。

表 12-1　内感官表现对照表

视觉型表现	听觉型表现	感觉型表现
说话时眼睛经常望向上面	说话时眼球常左右转动	说话时眼睛经常往下看
说话时手势多，灵活不死板，双手舞动的位置接近颈部的高度	说话时有适量的手势，但经常重复，双手舞动的位置接近胸与胃的高度	说话时手势不多，比较缓慢，双手舞动的位置接近腹部
说话简明扼要	说话内容常重复	说话速度很慢
看事情常常追求背后的意义	说话很流畅，没有中断	说话时，常有欲言又止的情况
买衣服时在乎款式、颜色及线条	说话内容很多，滔滔不绝	说话中经常提到往事、感受
说话时，身体语言多，动作大且快	说话时常有重复动作，如摇腿、脚底拍打地面、手指打节拍或身体左右摇晃等	说话时身体动作不多，即使有，也是比较缓慢的动作，双手常互相握在一起
说话速度很快，声调单一	说话的声调抑扬顿挫，富于变化	说话比较少，说的时候语速很慢
语言中常有描绘景象的文字，如一片光明、青山绿水	语言中经常有关于声音的词汇，如乒乓、咕咚	语言中经常有与感觉有关的用字，如压力、把握、掌控
语言中经常描绘事物的数量、颜色、位置	说话时经常有意义不明确的形容词，如有关人士、应负的责任、充分的合作	说话中常有抽象的词汇，如安全、妥当、公平

（续表）

视觉型表现	听觉型表现	感觉型表现
被问到问题，能马上回答，回答很简短	被问到问题，回答总是长篇大论	被问到问题时，想一会儿才回答，而且回答得很慢
说故事或发表陈述时，总是想以最少的文字说明	讲故事时，总是长篇大论，老是说不完	说故事时总是强调故事的意义
常常就与外表仪态有关的内容对别人进行评论	常常针对别人说过的话进行评论	常常针对别人的态度与心态进行评论
走路时快步行进	走路的姿势有韵律感	走路缓慢
坐下时只坐在椅子的前半部分	坐着的时候，脚有打拍子的动作，身体偶会有摇摆晃动的现象	坐着的时候，身体占满整张座椅
做事快速，能同时处理多项任务，如同时在看几本书	喜欢一边说一边做	做事速度慢，常有怡然自得的感觉
与朋友在一起，常有类似速度竞赛的表现	与朋友在一起，往往是说得最多的人	与朋友在一起时，往往是最安静沉默的那个人
喜欢旅游	喜欢打电话与写信	喜欢去特别有意义的地方
喜欢看电视	喜欢听音乐	喜欢回忆往事
穿衣服，很在乎颜色的搭配	穿衣服很注意与场合配合	穿衣服讲究舒服，所以常常穿宽松的衣服

（续表）

视觉型表现	听觉型表现	感觉型表现
回忆往事的时候，多会想起景象	回忆往事的时候，经常想起曾说过的话，或经常能分析出一些道理	回忆往事的时候，多想起感受或情绪
逛商场买东西的时候，喜欢四处走动和观看，不爱说话	逛商场买东西的时候，喜欢向服务人员索取资料，喜欢聊天	逛商场或买东西的时候，喜欢把商品放在手里或穿在身上，体会感觉
买东西，注重外形和颜色	买东西时，会说出很多买与不买的理由	看心情买衣服
看电影在乎的是英俊或美丽的明星	看电影在乎的是精彩的对白	看电影在乎的是感人的情节、紧张的气氛
去旅游在乎的是悦目的风景	去旅游在乎的是结伴同行，有说有笑	去旅游在乎的是轻松开心
买新房子在乎的是屋内光照是否充足，窗外景致是否美观	买新房子在乎的是环境和室内的宁静	买新房子在乎的是环境是否安全，屋内是否舒服

◼ 微信语言整理刻意练习任务书 ◼

无论是重要的谈话，还是随意的聊天，你都可以在发送语音的时候，养成听回放的习惯。然后记录下自己的发现。

我的发现	我的提升计划

礼貌与直白：在谈话中进退自如

在谈话中，坚持自己不是"咄咄逼人"，要学会为了效果而说，不为"想说""应说"而说。同样，"一味忍让"也并不一定能"息事宁人"，礼貌并不意味着放弃底线。

N公司的高管，下班后回办公室处理事情，发现办公室的门已被秘书锁了。而他自己没带钥匙，便拨打秘书的电话，却未能联系上。这位高管很气愤，发了一封措辞严厉的邮件给秘书，并转发给了公司的其他几位高层领导，以表达自己的不满。

面对领导的指责，这位女秘书并不买账，她据理力争地表示：在此次事件上，自己没有任何问题——锁门是为了安全，工作以外的时间自己可以自由支配。她还"勇敢"地提醒自己的领导，要注意说话的语气。最后，女秘书做出了一个"惊人"的举动，把这封回复给老板的邮件群发给了公司的所有员工。

本来这只是企业内部的一件"家务事"，没想到这样一封邮件在互联网上被不断"转发"。一时间，闹得沸沸扬扬。最后，两位当事人相继离职。

对于这位女秘书的表现，你赞成吗？你是为她维护自己的权利，据理力争的做法"拍手称快"，还是觉得她太冲动，没有考虑事情的影响，表现得有失妥当？遇到这种情况，你又该如何做呢？

在沟通中，我们都面对过关于是要"咄咄逼人"还是要"息事宁人"的选择。在直白与礼貌之间，我们总要做出权衡。礼貌意味着我们要关注他人的感受，重视社会规范和约定俗成的规则；坦白意味着我们敢于表达感受、自我维护、爱自己、不妥协。过于礼貌，缺少坦白，难免成为委曲求全的老好人；而过于直白，缺少礼貌，又难免会对他人产生侵犯，显得与规则格格不入，最终还会导致自己意想不到的损失。如何能在谈话中进退自如，实在是一门功课。

避免成为"老好人"

◉ 你是这样的"老好人"吗

- 自己像个被踢来踢去的皮球，两头受着夹板气，却无处"申冤"，也因为害怕冲突从来不申明立场；

- 老板的工作方式实在让人难以忍受，同事的习惯真是令人为难，但是却不知如何开口；

- 明明不愿意、不喜欢、不想，但是碍于面子，那个"不"字就是无法说出口。

这样的"老好人"可能看上去包容和温和，但是其内心却压抑纠结，甚至有可能成为"定时炸弹"。

✓ 被压抑的"自我需要"

"老好人"无法坚持真正的"自我需要"，和他们的"自我价值感"偏低有关。他们总认为"或许我做得还不够！""我真的可以吗？""如果没有了这个，我不会再有更好的了。"他们前怕狼，后怕虎，无法真正地维护自己，照顾自己的感受。

✓ 害怕自己失去"他人"

老好人经常会说："我不愿意得罪人。""我不好意思拒绝。""关系很重要。"其实，内在的声音是："我在意别人评价。""我担心别人不关注我了，不信任我了。""我很害怕会因此遭受损失、伤害，或者不公平的待遇。""老好人"的"好"是希望通过自我牺牲来赢得爱和信任，是希望通过取悦来保护自己避免拒绝、冲突、批评乃至失败。

✓ 缺乏对自己的了解

还有一些"老好人"，从不表达自己的观点和态度，这让和他打交道的人甚是困扰，不知该如何是好。"随便""都行""没意见"

是他们的万用口头禅。其实，他不表达态度是因为他们真的"没有"态度，或者更准确地说，他们无法真正觉察到自己的需要。很多人不是不想表达，是真的不知道该表达些什么，也不知道自己到底想要什么，该拒绝什么又该坚持什么。

憋屈的"老好人"们，不仅给自己的生活带来了很多困扰，对于他所在的集体，也没有产生积极的作用。因为不能准确把握自己的需求，表达自己的观点，会导致团队沟通质量和工作效率的降低。同时，那些内心无处可去的情绪与感受，会不断地积累，直到爆发。

✓ 当法官

"老好人"内心会委屈，这份委屈会转化为对他人的指责和无力的抱怨，例如，"世风日下啊！""他们都不负责！""到处都是潜规则！"甚至正常的竞争行为，也会被他们看作小人之道。他们很可能通过保持一种道德上的"优越感"，远离这些现实和冲突。这种逃避，只会使一个人的生存能力下降，不能为自己争取应得的利益。

✓ 倒垃圾

老好人一旦遇到了知心人，就会将自己的压抑情绪倾泻而出，相当于向对方倒掉自己的情绪垃圾。然而，这种不负责任的"卸载"一点都不"环保"。"情绪垃圾"不仅污染环境，而且也会让大家对倾倒"垃圾"的人避而远之。抱怨非常容易在组织里传染和蔓延。抱怨迷乱心志，降低行动力，破坏关系，伤人也伤己。

✓ 装无辜

扮演受害者，也是"老好人"的常用方法，通过示弱来换得支持和同情。一些时候，这种"示弱"的确能够换来一些"同病相怜"的人的"附和"，然而"受害者"是无法真正帮助"受害者"的，最终往往得不偿失。

✓ 推责任

在不敢面对的时候，没有找到解决方案的时候，"老好人"还会推卸责任。例如，领导不作为、公司不公平、市场环境不好、时运不济，强调这类外因，"老好人"就很难有真正的担当。

要想在谈话中，不成为委曲求全的"老好人"，我们可以通过下面的练习来转变。

- 从这一顿吃什么开始，学习观察自己的真实感受。
- 从今天穿什么开始，学习选择属于自己的风格。
- 从身边最亲近的人开始，学习讨价还价，在一些一直以来让你不舒服的事情上，尝试说明白自己的感受和要求。
- 选择一件你一直以来都想做却没有做的事，独立去完成，期间不向任何人求助或诉说。

不要用"爱自己"当借口

"不将就，不妥协，照顾自己的感受，想说什么别憋着，这样多酷！"这样才叫爱自己！如果因为这样的"爱自己"而"咄咄逼人"，我们对此也需要三思。

✓ 爱自己，还是爱别人眼中酷酷的你

如今大家都在微信上不停地晒着流行的"幸福"，仿佛不这样做，就不算爱自己了。于是，我们都努力地按照别人眼中幸福的样子，"努力"地"爱着"自己。同样，我们也受到"我的地盘我做主"的流行风尚的影响，仿佛不努力主张自己，就会被他人鄙视。可是，你了解自己真正的需要吗？你知道在自己咄咄逼人后，自己会为这一份"爱自己"付出什么代价吗？在你"酷酷"地为自己发声之后，也许你会失去更多的晋升机会，也许你会让朋友黯然神伤，这样即使会换来一些朋友圈的点赞，但真的值得吗？

✓ 爱自己，还是在让自己失控

有个著名的棉花糖实验，讲的是，老师把孩子们留在房间里，说："现在，你拥有一颗棉花糖，如果在我离开后，你能坚持不吃掉它，那么在我回来时我就可以再奖励你一颗，你就可以拥有两颗。"有些孩子，无法抵制糖果的诱惑，在等待中，把糖果吃掉了。有些孩子，能够坚持到老师回来，开心地享受他们的双重满足。这

种等待的能力在心理学上被称为"延迟满足"。这种能力是心理成熟的重要标志。这种能力不是要我们压抑自己的需要，而恰恰是让我们拥有一种适度的控制能力，避免即时满足，从而拥有达成更长远目标的力量。当我们面对一个"讨厌"的上司与"枯燥"的工作时，让自己"咄咄逼人"地发泄肯定比沉下心来坚持要容易得多。而沉下心来获得更好的结果，是否才是真爱自己呢？

✓ 爱自己，是否一定要伤害关系

很多人都在强调："我必须离开这个工作！""都是因为和他一起，我才这样的！""如果换一个人，我一定会幸福！"改变关系就可以改变我们的处境吗？换一份工作就可以解决问题吗？换一个上司，就可以高枕无忧吗？当我们过分强调"爱自己"的时候，我们便不会看到自己的问题，脱口而出，咄咄逼人，就会伤害关系。"我不干了！""我必须坚持自己！"我们恐怕只是图了一时的嘴巴痛快，做出冲动的事，却很快又要面对接下来的新问题和更多的烦恼。

要想在谈话里，不借着"爱自己"说出反而会伤害自己的话，开口前先问自己几个问题。

✓ 第一问：我想要的结果是什么

所谓结果，不仅仅是当下的结果，还包括未来可能导致的后果；不仅仅是"一事一议"的结果，还包括这一件事波及的相关人和事的结果。

结果不是一个人的"胜利"与否，还包括大家是否可以共赢。对"结果"思考的高度和视角，决定了一个人的沟通策略。在之前的案例中，女秘书只想"逞一时之快"和"捍卫尊严"，如果她能够冷静地想一想，自己想和上司建立一种什么样的关系、自己的职业发展需要什么，恐怕就不会如此"果断"了。

✓ 第二问：我这样做违背原则吗

在沟通中，我们不仅要考虑自己的原则，还要考虑环境中的规则。我们需要遵守公司的规章制度、社会的法律规范和行业准则，以及社会的道德和良知。这些都是"原则"，需要我们用心权衡。

秘书在和老板对话前，需要考虑：

- 我自己对待工作以外的时间的处理原则是什么？
- 我的岗位职责是什么？是否和我自己的原则冲突？
- 我如何对待我的上司？公司中上下级的相处方式一般是什么？
- 公司群发邮件的权限和规定是什么？

女秘书的做法，也许没有违背自己内心对业余时间安排的原则，也许没有违背自己对上级"坦诚沟通"的原则。然而，她随意群发邮件给员工，这种方式是不妥的。由于这封邮件的转发，使企业遭遇了信誉上的损失，显然当事人需要为此付出代价。将你的"原则"和外界的"原则"相权衡，这是"从心所欲，不逾矩"的智慧所在。

✓ **第三问：还有更合适的方法吗**

语言的表达是内在力量的显现，它的使用要讲究策略。在表达过程中，我们所选择的方式、方法、场合、时机，都是需要考虑的。其实，如果女秘书不是那么针锋相对地处理问题，而是能够管好自己的情绪，想想是否还有其他办法，事情完全有可能是另一种结果。

她可以选择给领导单独发邮件沟通，也可以选择在与领导沟通未果的情况下，向更高级别的领导反映。当然，更好的方法是，平时就处理好和上级的关系，那么这样的事情也许就会得以避免。

✓ **第四问：我能为结果负责吗**

有人认为："说了就说了，我可以承担这个责任，不就是丢了一份工作吗？再找一份就是！"这个想法恰恰是对自己前途的不负责。 在我们的职业生涯中，每一份工作机会都十分宝贵，每一位同事都是我们的宝贵助力，每一个事件的处理都是口碑和职场信誉的积累。如果只逞一时之快，导致自己今后的职业发展出现阻碍，未免得不偿失。

我们说出去的每一句话，不仅要对自己负责，还要对他人、对企业和社会负责。试想，如果是你发出了这封邮件，并由于网络的转载引发了企业的信誉问题，对企业的品牌造成了影响，这个损失又该谁来承担呢？

每个人都有追求自由的权利。然而，你的自由要有界限。

■ **礼貌与直白刻意练习任务书** ■

　　找到你正在面临或过去发生的一个有关"要礼貌"还是"要直白"的两难困境的沟通话题，通过黄金四问法，进行思考。

描述你的问题	
第一问：我想要的结果是什么	
第二问：我这样做违背原则吗	
第三问：还有更合适的方法吗	
第四问：我能为结果负责吗	

攻略 *14*

角色五定律：不冒犯别人，不舍弃自己

"顺人而不失己"是古人的智慧。在沟通中体现为，你能理解在不同的环境里，"你是谁""他是谁""你们的关系受到哪些约束"，然后恰到好处地说话。

跨国婚姻中的冲突，基本都是世界大战。

假如有一对夫妇，妻子是中国人，丈夫是美国人。他们的儿子在中国长大。这时，这个儿子有了孩子，由于经济压力过大，提出让爷爷奶奶帮忙带孙子。在这个家里，这个提议的沟通会很顺利吗？

在中国长大的混血儿子会说："我还没有固定的工作，你们是爷爷和奶奶，你们帮忙带一下孙子吧。"

美国爸爸会说："我只是这个小宝宝的 grandpa，这是你自己的孩子，你已经是成年人了，这是你自己的事。"

这时候，已经国际化了的中国妈妈肯定会左右为难，她恐怕

也不知道自己这个"奶奶"该怎么办了。

在语言的字面意义上，"爷爷"和"grandpa"并无差别；而在这对父子的心里，这两个词却有着千差万别的理解。"爷爷"和"grandpa"与这个小孙子到底是什么关系，恐怕也大相径庭。

语言的背后是情感，情感的背后是价值，价值的背后是角色认知。而影响角色认知的是一群人的精神信仰和生活方式，这有时被称为文化。文化决定了一群人对某一个"角色"的理解。当这种理解存在差异时，沟通的冲突就一定会产生。

定律 1：名正言顺，开口先想"我是谁"

一个人的一言一行，往往透露着你对自己当下这个"角色"的理解。

我收集了一些年轻人离职的理由，发现会有这样的表达："伙食不行，不想待了！""挤地铁，太累了！""这个工作没一点意思！"这些"孩子气"的表达，会让企业觉得你并没有真正进入一个"职业人"的角色。而另一组调查显示，那些最让员工不喜欢的上级管理者，经常会说："这件事我也没办法，你自己解决吧。""这是公司的规定，你跟我说也没用。""你执行就好了。"说这些话的时候，管理者离开了自己承上启下的"管理角色"，变得官僚，不能承担责任。他们自然也不会被下属信服。而当一个委屈的客户服务人员朝着投诉的客户大声说："你凭什么对我发脾气啊！又不是我的错。"这时候，他也已经离开了自己的"服务角色"。因为组织赋予这个角色的一部分功能就是化解和安抚客户的负面情绪。

很多时候，沟通中存在着一种约定俗成的"关系模式"，你的角色也在进入这个关系时，就被"定格"了。我们都不得不遵从在关系中对这个角色所定义的"游戏规则"。话说得是否合适，就要看你对这个角色的理解程度了。

定律 2：看人入心，对话先想"她要做谁"

王艾美，50 岁，贸易公司行政部职员，是公司的老员工了。她喜欢打扮，性格活泼，虽然在公司里属于年长者，但依旧不时透露出"小女人"的情怀。刚毕业的年轻大学生，初来行政部报道，发现和王艾美年纪差不多的同事都直接喊她的名字，连部门经理也这么叫，而王艾美似乎也很受用。作为同事，她该怎么称呼这位大姐呢？

A. 王姐

B. 王阿姨

C. 艾美

D. 艾美姐

选 A，你属于一本正经型。

你选择了一个比较安全的称呼，既不失长幼之间的尊重，又不违背同事之间的平等亲和。这个称谓，可以让你和年长的同事保持适度的距离，又可以唤起她作为"姐姐""过来人"的角色感，增加她对你实施帮助的热情。

选 B，你属于不解风情型。

虽然在年龄上，王艾美女士的确可以做你的长辈了。然而，你却伤害了一名热爱美丽和年轻的女士的心。王艾美虽然在生理年龄上即将进入老年，但是在心理年龄上，依旧渴望自己留在青春岁月里。你的这一句"阿姨"让她情以何堪。

选 C，你属于礼仪欠缺型。

由于你们年龄差距过大，直呼其名显然会很没有礼貌。称呼本身，最重要的是要体现出对对方的尊重。在中国的文化里，对于长辈以及职位在你之上的人士，要使用尊称。直呼其名，会令对方感觉自己年长的这个"角色"没有得到尊重。即使"艾美"可以被她接受，也会影响周围人对你自身素养的评价。

选 D，你属于贴心乖巧型。

你是一个乖巧贴心的人，你的一句"艾美姐"，不仅拉近了彼此的距离，又表达了对王艾美女士的尊重和友好。如果在你的称呼中，还伴随着清脆甜甜的味道，唤出对她的那份"青春感"的认同，想必王艾美的心里一定是愉悦的。但是，由于这个称呼稍显甜腻，这就不利于你们之间保持适度的距离。

在与别人互动的过程中，最重要的是去关注对方内心最在意、最认同的那个角色。一个对自己企业家身份非常认同的老板，是个工作狂，那么他对自己"王总"的这个身份是最认同的，无论在工作还是生活中，他可能都喜欢别人呼唤他为"王总"；刚做了母亲的女人，对于自己初为人母的这个角色有非常多的情感，那么此时大家喊一声"××妈"，她可能会心花怒放。理解了对方对角色的态度，看人人心，方可说动人心。

- 与女性沟通不要忘了她的情绪；
- 与男性沟通不要忘了他的骄傲；
- 与上级沟通不要忘了他的地位；
- 与老人沟通不要忘了他的自尊；
- 与孩子沟通不要忘了他的天真。

定律 3：主动适应，权威关系中的角色冲突

有一句经典的网络流行语，说透了中国的亲子关系："父母一辈子都在等孩子说'谢谢'，而孩子一辈子都在等父母说'对不起'。"这体现了我们对"权威关系"的理解出现了非常重要的变革。在传统的理解里，父母从拥有"父亲""母亲"的角色身份开始就拥有了与这个身份相关的权威地位。自下而上的尊重，服从成为对"权威关系"的共识。父母也会给予孩子生活经验、财富、精

神的传承。父母在心里也自然需要这一句"谢谢"。

但随着时代的快速发展，父母的经验和智慧，不足以给孩子足够的指引，也不足为怪。代际之间甚至出现了反哺的现象。孩子教父母使用新媒体，从日常生活各方面渗透新思想、新文化。这种反哺给传统的家庭教育方式、相处方式带来了挑战。无声地挑战着家庭固有的"权威模式"。如果父母还是执意按照自己固有的方式，对待、控制、要求孩子，孩子的心里就总会渴望来自父母的这一句"对不起"。

权威关系的变化，也为我们在企业管理中的上下级关系带来了新的挑战。上级的"要执行"一再受阻，下级的"要参与"呼声很大。有些管理者可能一时不太知道，除了传统的"赏罚"以外，还有什么样的方式可以激发新生代员工的积极性。

这种管理者和员工之间的代际沟通冲突，在传统的国有企业非常常见。在这些庞大的组织里，上一代的管理者还没有退休，他们内心对"权威关系"的理解还停留在过去时。而新一代的年轻职工已经"上线"，他们带着全新的理念要重新定义工作的价值。

很多管理者困惑于在这样的情势之下，到底谁该适应谁？其实，这是一个双方都需要主动适应的过程。适应并非是"妥协"，也不是"迁就"，只是需要换一个让对方舒服的沟通方式。

一名咨询顾问给油田企业上有关代际沟通的培训课。上午，她给老书记们授课的开场白是：

"各位领导，上午好，很荣幸能够来给各位汇报一下，我在代际沟通方面的一些研究心得。年轻人'不好管'了，这是为什么呢？"

随着一个个案例的出现，老书记们经过分析，逐步理解了年轻人的心理现状，也纷纷表示，愿意换个方式好好沟通。

下午，她给年轻员工授课的开场白是：

"各位下午好，很开心跟你们一起聊聊代际沟通的事。昨天我去了铁人博物馆，我觉得王进喜可真是'酷'。"

在一阵笑声里，徐徐展开老一代的故事，那些藏在"酷"里面的闪光品质，一一种在了年轻人的心里。

定律 4：入乡随俗，到哪个山头唱哪种山歌

在不同的文化背景下，不同的"角色内涵"显然有明显的差异化定义。这种差异，并非仅仅存在于国家与国家之间。即使在同一个国家，不同的组织与组织、家庭与家庭之间，也存在着巨大的差异。这种差异，往往是沟通冲突的来源。

新婚夫妻会度过一个漫长的"磨合期"。你可千万别觉得把脱下来的袜子丢到地板上，还是丢进洗衣机里是一件容易沟通的事。也不要想当然地认为一个一辈子都是全职家庭主妇的婆婆，会对儿子娶一个职场儿媳妇有与生俱来的理解。这些沟通都要翻越千山万水。

学会入乡随俗是最快的融入方式。尽管我们未必理解，先学

会使用对方的"语言"，对建立关系至关重要。

入乡随俗之后，你就要慢慢去体会和理解，这些"语言"背后的真正含义。不断积累这些词汇给你带来的新"体验"。这个过程在我们加入一个组织时，相对容易。很快，你就会发现，你已经成了和别人一样的人。而对于两个相对"势均力敌"的人来说，组成一个新家庭，恐怕还需要彼此进行旷日持久的相互"同化"。

定律 5：多角色平衡

每个人的一生中都会扮演不同的角色，工作中，我们是经理、职员、会计；生活中，我们是孩子、父母、丈夫／妻子，这些角色都需要我们用心对待，并且在不同的场合不断转换。

不管你是一名多么能干的女老板，在儿女面前，你也不过就是一个操心的妈妈，你没法用指挥下属的沟通方式去教育孩子。同样，面对一个产品问题，作为下属向老板汇报时，作为客服对客户做出解释时，和作为同事与技术部门共同探讨解决方案时，你都要好好把握每个角色的不同表达尺度，不一样的表达方式，在不同的角度里，平衡各种关系。只有孩子才会用"唯一的角色"与世界互动。因为孩子只有一个角色，那就是"孩子"。所以当你听到一个成年人，还在不断地说："你们为什么不管我？""这都是别人要求我这么做的！""都是因为谁谁谁……"他一定在内心的世界里还没长大。

权威关系沟通刻意练习任务书

请你选择存在沟通困难的父母或者一位上级，进行以下的刻意练习。

他令你舒服的沟通方式有哪些	
你打算如何增加这些沟通	
他令你不舒服的沟通方式有哪些	
你打算如何应对	
他喜欢的你的沟通方式有哪些	
你打算如何增加这些沟通	
他不喜欢的你的沟通方式有哪些	
你打算如何改善	

第3篇
知己解彼

人与人不同，花有几样红。

攻略 *15*

用心倾听：放下自己，听出真相

一个活在自己的世界里的人，是没办法听到别人的声音的。倾听与共情是一个人真正有能力和他人建立关系的开始。

密歇根大学社会研究所的一组调查显示，在有青少年的家庭中，父母与孩子平均每天交流的时间只有 14 分钟，并且当中有 12 分钟是用来讨论"晚饭吃什么""功课怎么样""今晚谁用车"等话题的，而真正交流和增进感情的时间只有剩下的两分钟。在 4500 名被调查的女性中，有 77% 的人当被问及你的配偶让你最生气的事情是什么时，她们会回答说："他们，不听我讲话。"

有美国研究者调查指出，美国白领阶层的有效倾听率平均仅为 25%。还有科学家曾对一批推销员进行追踪。他们发现 10% 业绩最好的人和 10% 业绩最差的人，业绩的巨大反差与其是否善于倾听关系巨大。那些业绩最好的推销员每次推销平均只说 12 分钟，而那些业绩最差的推销员平均每次推销要长达 30 分钟以上。说得多，自然就会听得少。在一项社交实验中，心理学家发现，在对话中那些说话时间占 80%，而倾听只有 20% 的人，是最不受人们欢迎的人。

倾听的秘密

✓ 认知过滤器和情感触发器

沟通中，每个人的倾听都会受到个人的文化背景、生活经历、人生态度、知识结构、交际习惯等方面影响。个性、压力、需求、偏见、幻想等因素使每一个人在倾听时，都会拥有一个非常个性化的"认知过滤器"。我们会把每条信息都在自己的过滤器中过一遍。所以你真正能听到的，很可能已经不是原汁原味的别人的发言。在倾听中，每个人还都会有一个"情感触发器"。情感触发器会对我们听到的"语言"进行各种各样的联想和情绪反应，同样一句话，每个人想起的人、事和物都不尽相同，引发的感觉也不一样。情感触发器会在大脑中唤起各种不同的情感反应，有时候你特别反感某些话题，有时候又过度地投入某些话题。而往往这些时候，你对对方的话的判断也是最容易偏离客观的。

✓ "说清楚"和"去体会"

人类学家爱德华·霍尔把文化分为低情境和高情境，并且描述了不同的文化背景下，人们是如何进行沟通的。在低情境文化中，沟通者在谈话过程中会尽可能非常清晰地传递信息，所以他们的信息通常会更长、更确切，他们也会阐述得更详细、更具体。而在高情境文化中，沟通者会认为，比起通过语言去传播信息，更多的信息应该包含在沟通的背景中（普遍的社会规则）和沟通者自身的感觉里（言外之意），所以他们在沟通中，信息会更短、不太确切。在高情境文化中，大家更喜欢默契、心照不宣和不言自明。所以在高情境文化中，去"听懂言外之意"被认为是倾听者的责任。而在低情境文化中，恰恰相反。说话的一方要负起准确清晰地表达的责任，也就是说，他们要负责把话说清楚。所以当一个生活在低情境文化中的人过度详细地去说一些事实证据和观点的时候，一个生活在高情境文化中的人可能会感觉自己被攻击了，对方有点高高在上、咄咄逼人。而如果一个生活在高情境文化中的人，把话说得很婉转的时候，那么一个生活在低情境文化中的人也很可能会感觉自己不太被重视。

✓ 男性找答案，女性听感觉

男性和女性在倾听方面非常不同。男性的倾听更倾向于听事实，而女性更倾向于关注沟通中的情绪问题。女性的注意力容易被人所吸引，而男性则偏好事件和物体。女性倾向于去听一条信息背后的信息，特别是情感的部分。而男性则倾向于按照他们自己的目标重新组织听到的信息，以便快速地寻找解决方案。男性在倾听中，还会显得比较"简单"，他们把诸如"啊哈""嗯""哦"之类的回应等同于表示同意；而女性则把这样的回应仅仅理解为，对方只是在听而已。这些差异在我们很小的时候就已经存在。小女孩倾向于找一个她最好的朋友去分享秘密，而小男孩则更愿意去加入做远比说更重要的团队中玩耍和竞争。

你是一个好的倾听者吗

请根据自己的实际情况进行勾选，看看你在倾听中的表现。

A. 非常符合，我一向如此

B. 这很重要，我基本上能够如此

C. 我偶尔会注意这点

D. 我还没有考虑这个问题

1. 力求听对方讲话的实质，而不是字面意义。

2. 以全身投入的姿势，表达你在入神地听对方说话。

3. 对方说话时不急于插话，不打断对方的话。

4. 不会一边听对方说话，一边考虑自己的事。

5. 听批评意见时不激动，耐心地听对方把话说完。

6. 即使对别人的话不感兴趣，也要耐心听完。

7. 不会因为对说话者有偏见而拒绝听他说话。

8. 即使对方并不专业，也对他持称赞态度，认真地听他说话。

9. 因某事而情绪激动或心情不好时，会避免把自己的情绪发泄在他人身上。

10. 听不懂对方所说的意思时，利用有效提问的方法来核实他的意思。

11. 经常确认，证明你准确地理解了对方的想法。

12. 鼓励对方表达自己的想法。

13. 利用重述对方的内容，来避免曲解或遗漏对方所传达的信息。

14. 避免只听你想听的部分，关注对方的全部思想。

15. 以适当的姿势，鼓励对方把心里话都说出来。

16. 与对方保持适当的目光接触。

17. 既听对方的口头信息，也注意对方所传达的情感。

18. 与人交谈时选用最合适的位置，使对方感到舒适。

19. 能观察出对方的言语和内心真实想法是否一致。

20. 注意对方的非语言信息。

你选择 A 或者 B 选项的部分是你在倾听中表现出色的地方，要继续保持哦！

对于你选择的 C 甚至 D 选项的部分，在今后的沟通中，你需要有意识地改善。

✓ 倾听自检表：态度

表 15-1　态度自检

无效的倾听	有效的倾听
评价：以自身的评判来判断、指责、评论他人	中立：描述式地听，"我听到了什么？"通过提问获得具体的信息

（续表）

无效的倾听	有效的倾听
控制：试图改变他人的观点，不给他人选择的余地	**尊重**：对方是可以保留自己的观点，是可以选择的
建议：教别人怎么做，给别人答案经常用"应该"	**支持**：给予理解和支持，有启发性的
夺权：说回自己或换成自己喜欢的话题	**共情**：能够感受对方的感受
轻视：高人一等的态度，"我比你更有经验""这件事不值一提"	**平等**：尊重对方，相信对方能够找到适合自己的解决办法

✓ 倾听自检表：非语言信息

表 15-2　非语言信息自检

防御的非语言信息	安全的非语言信息
• 向后靠或歪坐 • 把脸扭开，不看向对方 • 保持一个不安的姿势，如抖腿，或防御性的身体姿势，如双臂交叉 • 拉开自己与对方的距离，或侵入对方的私人空间 • 目光游离，四处看，或盯住别人看 • 双手握拳，或搓手，或做出不恰当的手部动作 • 发出严厉的声音，语气语调变化很大 • 露出痛苦的表情，重重地叹气	• 身体微微向前倾 • 把脸转向对方，适当地点头 • 保持开放的身体姿态，身体是放松的，视线与对方平齐 • 与对方保持合适的空间距离 • 与对方保持适当的注视 • 双手放开，自由舒展，必要的时候拍拍对方的肩膀 • 温和使人愉悦的声调 • 表现出关心认可，流露出感兴趣的表情

倾听的 5+3+3 法则

✓ 5 个用"心"

1. 好奇心

在我们听别人谈话的时候，一定要怀着一颗好奇的心。如果在谈话之前，你就为对方的话题贴上了"没意思""枯燥""单调"的标签，那么你就一定会在倾听中，错过对方说的很多的重要信息。

2. 责任心

倾听是沟通者的一个非常重要的技能，也是沟通者在倾听的过程中要负起的一个重要责任。因为倾听的成功与否对你们沟通的结果意义重大。"听"本身也是谈话非常重要的一部分，并不是我们只要说清楚就可以了。

3. 利他心

倾听的时候，我们要多考虑对方，多体会对方的立场，一定要先把自己放一放。不要一听到自己感兴趣的事情，就要打断对方，自己来说；也不要一听到自己有经验的事，就要告诉对方应该怎么做。

4. 耐心

很多时候，对方讲的不是很清楚，或者不是很顺畅，甚至是因为一些情绪的问题而说得"翻来覆去""乱七八糟"，倾听者一定要有足够的耐心，这种耐心不仅仅是对待对方的一种礼貌而已，好的倾听也能够帮助对方慢慢平静下来，整理好自己的思路。

5. 平等心

当你在地位、才能、权力等各方面都比对方"高出一筹"的时候，你作为一个倾听者就要更加注意保持一种平等的倾听姿态。特别是当我们不是很理解或不是很认同对方时，也一定要尊重对方。

✓ 3个"感受"

"察言观色"，这是我们读懂他人真实想法的基础，所以我们要在沟通中学会"感受"。

1. 用眼和耳朵去感受，搜集更多信息

- 与人见面时，我们要下意识地关注对方的着装和情绪状态。如果对方是熟悉的人，我们会第一时间感受到，今天他是否有不同之处。
- 不回避别人的目光，便能从别人的目光中看到支持、温暖，或者焦虑、躲闪。
- 在沟通的过程中，留意对方的表情，特别是我们在提出一个观点的时候，要观察对方的表情出现了什么变化。
- 面对面沟通时，我们能从他人的肢体语言的一些细节中捕捉到对方没有说出的想法。如果对方身体前倾，表示对话题很感兴趣；如果对方无意识地用指尖敲打桌面，那么他的心思

可能不在对话中。

- 如果对方突然提高了音量、语速，或突然变得沉默、支支吾吾，有时候甚至出现口误，即使此时你正聊得非常起劲，你也需要多加注意，好的倾听者往往能够感受到这些变化。

2. 用身体去感受，与对方保持同一频道

- 停止你手中无关的事情。
- 选择一个适合倾听的、双方都舒服的位置和距离。
- 面对说话者，保持开放式身体语言（避免双手和双脚交叉）。
- 保持目光接触。
- 适时地点头互动。
- 可以在身体姿势上，适度地对对方进行模仿。

3. 用情绪去感受，进入深入的共鸣

- 慢慢跟随对方的呼吸。
- 让对方的情绪、感受流淌在你的身体里。
- 尝试理解对方情绪的起因。
- 觉察自己情绪的变化，区分哪些是你的情绪，哪些是对方的情绪。
- 在你的表情里，有和对方一样的情绪的成分。

✓ 3 个"动作"

1. 复制性的跟随

用诸如"是的""嗯""对""好的""我明白了"之类的言语，

暗示你在专心聆听，而且可以鼓励说话者与你分享更多的信息。或者简单重复你所听到的关键词："哦""很辛苦""嗯，不能这么做"。

简单的重复会带来神奇的效果。

2. 支持性的提问

为了鼓励对方倾诉，以接受更多的信息判断对方的感受，你可以这样表达：

"你是不是觉得有点……"

"你想说的是不是……"

"你现在感觉很沮丧，是吗？"

注意，支持性的提问不是引导性的提问和打断。支持是关注对方说话的内容，支持对方把情绪和事件说得更完整。而引导是把谈话导向你的方式，希望暗示对方认可你的观点。

3. 确认性的反馈

当你确信自己了解对方的感受，并希望达成共识的时候，你可以这样表达：

"你刚才说……你一定感觉……"

"我真为你高兴。"

"这件事真是难为你了，遇到这样的事，我们也会感觉……"

当然，你也会有不认同他人的态度和观点的时候，你可以试着这样表达：

> "你这么说，我感觉很不舒服。"
>
> "你这么想，我有点失望。"
>
> "我了解你的意思，但我有不同的想法。"

■ **两分钟复读机刻意练习任务书** ■

寻找一个愿意陪你做练习的伙伴，他可以是你的家人、同事、朋友。你们背对背坐下来，请他说两分钟。期间，你要做的是，原封不动地重复他所说的内容（对方说一句，你重复一句），不打断、不评价、不询问，只能重复。

倾听记录：

你觉得两分钟长吗？

_____

_____

在此过程中，你有什么感受？

_____

_____

你是否试图打断他，或者有把话题接过来自己表达的冲动？

_____

_____

攻略 *16*

提问工具箱：好问题指向答案

会说的不如会听的，会听的不如会问的。好问题，是迈向答案最近的路。

会说的不如会听的，会听的不如会问的

✓ 不问清楚，不给答案

小测试

假设你是一名酒店的前台接待员。一天深夜，一位年轻的女顾客匆忙走到你面前，询问："服务员，你们的酒店安全吗？"此时，你会怎么回答？

A. 女士，我们的酒店地处繁华地带，非常安全。

B. 女士，我们的酒店有十分完善的安保措施，顾客从来没有在酒店里丢过东西。

你是否会理所当然地选择回答 A 呢？

"深夜""年轻女子"，在这个背景下，你可能理所当然地认为这位女顾客一定是在担心自身的安全问题。

可是，如果我告诉你，这位女士是一名导游，她准备接待一个非常重要的游客团队，这些游客都十分在意自己随身财物的安全。所以她其实是希望能找到一个安保措施完善的酒店。

那么，你此时的回答又将是什么呢？

我们往往特别热心，愿意帮助他人，给他人出主意、提建议。一听到他人提问题，就特别想"大显身手"。还有一些人，总是自诩为"××专家"，遇到别人来求助，总是有求必应："我不给个建议，多没面子啊！这不就会显得我不懂了嘛。"殊不知，不搞清楚问题，就给出答案，特别容易让自己"尴尬"。有时候，还会把别人也带入歧途。

✓ 问清情况，免得尴尬

诸如此类的尴尬情况，比比皆是。编辑对设计师说："给我设计个大气的封面。"设计师熬了个通宵，做了一个气势磅礴的方案。第二天，编辑只能望图叹息，他其实想要的大气，是清爽洒脱那种。销售经理对人事主管说："给我招一个聪明点儿的助理。"人事主管招了一个智商指数有 130 的员工，可是销售经理却很不满意：

这个人不懂沟通，难以与他人合作完成工作。

很多时候，我们都容易想当然，想不起多问一句。或者嫌麻烦，懒得多问一句。等到结果和自己想象得大不一样时，才直呼"糟糕"。提问有一个非常最重要的功能，就是在沟通中予以确认。

一个聪明的沟通者，会把这些提问经常挂在嘴边：

"您的意思是……对吗？"

"咱们是想这么这么做，是吧？"

"我感觉你……是吗？"

"我表达清楚了吗？"

"还有什么问题吗？"

"咱们就这么定了，好吧？"

✓ 少问一句，错失良机

营销培训中，有一个经典的"卖李子"案例。

客户到市场买李子，她走到第一家水果摊前，问："这李子怎么卖？"

小贩回答："每斤 1.8 元。这李子又大又甜，很好吃的。"

没等小贩把话说完，客户转身就走了。

客户走到了第二家水果摊，问："这李子怎么卖？"

小贩回答："每斤 1.8 元。您要什么样的李子呢？"

客户说："我要酸李子。"

小贩说："正好我这李子又大又酸，您尝尝。"

客户选了一个尝了尝，的确够酸，于是买了一斤。

客户提着李子回家，路过第三家水果摊，忍不住又问："你的李子多少钱一斤？"

小贩说："每斤 1.8 元。您要什么样的李子呢？"

客户说："我要酸的李子。"

小贩继续问："您喜欢吃酸的李子？好多人喜欢吃甜的！"

客户说："我儿媳妇怀孕四个月了，就想吃酸的。"

小贩说："儿媳妇怀孕了呀，恭喜恭喜！您要不要买点猕猴桃呢？猕猴桃口味微酸，富含多种维生素，很容易被小宝宝吸收！既可满足您儿媳妇的口味，也会为小宝宝提供丰富的营养，一举多得。"

客户觉得有理，于是又买了两斤猕猴桃。

第一个小贩，光说不问，什么也没卖出去。

第二个小贩，又说又问，正中下怀。

第三个小贩，不仅问了要什么，还问了为什么要。于是，在了解了来龙去脉之后，他发现了新的销售机会。

听而不问、自说自话，难免会使人错失良机。搞营销的，多问问消费者的需要，就能发现新的商业机会；当老师的，多问问同学们为什么没听懂，就能发现新的教学点；谈恋爱的，多问问他（她）喜欢什么，就会发现更多建立关系的机会和彼此的共同点。其实好事，都是问出来的。

提问是个技术活，好问题指向答案

爱丽丝问兔子："兔子，兔子，你说我该选择哪条路？"

兔子说："选择哪条路，取决于你要去哪里。"

爱丽丝想了想，说："我好像去哪里都可以。"

兔子说："那么你走哪条路都可以。"

——摘自《爱丽丝漫游仙境》

✓ 刨根问底，五个为什么帮你回归本质

在丰田公司的工作改善流程中，经常使用"五个为什么"来分析问题，并找出隐藏在问题背后的原因。

管理者发现，公司办公大楼的外墙每年都要定期维修，涉及大量财力人力。该如何解决？

问题：公司办公大楼的外墙为什么要定期维修？

回答：因为受到了酸蚀损害，墙壁才需要经常清洗。

如果只是问到这里，我们发现不了任何解决方案，所以要继续追问。

1.为什么要经常清洗？

回答：大楼每天都会被大量的鸟粪弄脏。

2.为什么有这么多鸟粪？

回答：大楼周围经常聚集很多燕子，产生鸟粪。

3. 为什么有这么多燕子？

回答：大楼的窗户上有许多燕子爱吃的蜘蛛。

4. 为什么窗子上会有蜘蛛？

回答：蜘蛛在这里安家，是因为这里能吃到一种小飞虫。

5. 为什么会有这种小飞虫？

回答：尘埃和从窗子照射出来的光线刺激了小飞虫的繁殖。

问到这里，解决方案似乎已经变得非常简单。

那就是：拉上窗帘。

一连串的"为什么"，帮助我们回归本质。能够看清楚问题本质的人，往往能够"一语点醒梦中人"。

✓ 开关结合，谈话节奏尽在掌握

◇ 封闭式问题，锁定目标

提问时，有些问题只能回答"是"或者"不是"。这种限定了答案的问题，被称为封闭式问题。

封闭式问题最重要的优点，就是答案是需要选择的，非此即彼，目标感强，可以迅速锁定你需要的沟通信息。

不过，如果在沟通中，你一连串地使用封闭式问题，难免会给人一种压迫感。问题设计得不好时，也容易把对话带入"死局"。

◇ 开放式问题，获取信息

与封闭式问题相比，开放式问题就温和多了。开放式问题，不会给对方规定选项，对方想说什么就说什么。这样就能够在轻松愉快的前提下，尽可能搜集更多的信息。问开放式问题的人，其实更能控制谈话的"局面"。这是因为在无形中可以听到得更多，了解得更多，有时间思考得更多，从而能够从容应对。

为了让开放式问题问得有效果、有含金量，可以采用下面的三种形式。

◉ 最简单的开放，有话直说

假设你是一名课程顾问，想为一家企业推荐课程，希望了解企业对选择老师的要求。你不妨直接问："贵公司喜欢什么样风格的老师呢？"

◉ 为了避免离题，可以有主题地开放

"贵公司选择老师有什么样的标准呢？"
"您在选择老师方面，最看重的是什么呢？"

◉ 有时候对方的答案也是模糊的，引导他描述情境

"在您以前听过的课程中，哪次收获比较大，那位老师是什么样的呢？"
"在贵公司以前开展过的培训课程中，比较受学员欢迎的老师是哪一位？他授课时有什么特点吗？"

◇ 开关结合，掌握谈话节奏

封闭式问题，是一步步接近答案；开放式问题，是一步步寻找答案。两者结合起来，沟通的效果会更加事半功倍。

百度公司有一张为电话销售人员绘制的销售提问导图，它为销售人员理清了沟通的方向，可以一步步引导客户表达需求，使销售过程变得清晰而高效。

◉ 第一步：通过封闭式问题，把客户分类

"您是否做过……"
"您是否是……"

◉ 第二步：通过开放式问题，挖掘客户需求

让客户讲述自己的使用经验，是否满意，不满意的原因是什么，顾虑是什么。每个人都喜欢分享。分享得越多，我们则对客户越了解。客户关注的东西，自然也就呈现了。

◉ 第三步：通过半开放的问题，锁定需求的具体事宜

在客户尽情表述之后，应该开始锁定沟通的目标，进行深入沟通。

"您最满意的是……对吗？对这方面，您有什么考虑呢？"

◉ 第四步：通过封闭式问题，确认需求点

客户明确表达出某方面的需求意味着，你来我往的沟通过程已经可以暂告一个段落，而应该切入今天的主题了。

"我非常认同您的想法。我也想在这个方面给您介绍一下我们的产品。"

提问需要设计。提问的设计其实很简单，记住你的目标在哪里就可以了。产品卖点的介绍，是这次沟通的目标。所有的提问，不过是一步步走向一个合适的"卖点"介绍的必经之路。

✓ 三个还原，解决问题避免主观臆断

◇ 变问题分析为还原事实

请问以下对话会有什么风险？

下属：我无法按期完成技术援助计划了！

主管：怎么了？发生了什么事？

下属：有些部门根本不配合！

主管：这些部门为什么不配合呢？

下属：他们都抱怨提交的时间太早，根本没时间准备。

主管：那么你觉得原因是什么呢？

下属：这个事情本来就不是他们的本职工作，当然不积极。

主管：那么他们部门的领导知道这个情况吗？

下属：还不知道。

主管：好，我去找他们的领导谈谈。

很多时候，我们都会询问事情的原因，而忽略了去确认"到底发生了什么事情"。而即使从对方口中得知原因，我们也难以避免主观判断。这是因为我们一直都有一种要尽快解决问题的倾向，而常常忽略解决问题的前提是了解发生问题的"事实"。

下属：我无法按期完成技术援助计划了！

主管：怎么了？发生什么事了？

下属：有些部门根本不配合！

主管：哪些部门不配合？能具体说说吗？

下属：他们抱怨提交的时间太早，根本没时间准备。

主管：哪天提交？他们都需要准备些什么呢？困难在哪里呢？

◇ 变询问行动为还原细节

请问以下对话会有什么风险？

下属：客户总是不回邮件，电话也不接，我的工作开展不了。

主管：你都是怎么联络他的？最早是什么时候？

下属：最早是一个月前，最近的一封邮件是昨天发出的，我已发过四次邮件了！

主管：你打过电话吗？

下属：我昨天就开始打电话，没用。

主管：你觉得我们需要开会讨论一下这个问题吗？

下属：我觉得需要。

主管：好吧，我们找时间开个会。

我们了解了对方的行动，却忽略了行动过程中的"细节"，所以我们其实无法判断，行动是不是有效的，以及到底是什么原因导致了行动的问题。这会导致无效的行动一而再再而三地重复。这就是无效沟通特别重要的原因。

下属：客户总是不回邮件，电话也不接，我的工作开展不了。

主管：你都是怎么联络他的？最早是什么时候？

下属：最早是一个月前了，最近的一封邮件是昨天发出的，我已发过四次邮件了！

主管：你的邮件是怎么写的？写了邮件以后你还做了什么吗？

下属：我从昨天起开始打电话，没用。

主管：你说的没用是指什么？

◇ 变先入为主为还原意图

请问以下对话会有什么风险？

主管：我看你最近有点消极，怎么了？

下属：看起来也没有消极吧，就是业绩评级给我的评价是"B"，我想不通。

主管：怎么想不通了？比你预期的差吗？

下属：我各方面都做得挺好的，也没有犯什么错，为什么是"B"呢？

主管：你的确工作能力不错，这半年的目标也完成了。但是你在创新和改善方面欠缺一些，你对自己是不是没有这方面的要求？

下属：也许吧。您要这么说，我也没什么可说的。

主管：知道自己薄弱的地方，提升就好。你还是很有能力的，加油。

有时候，我们自以为沟通的效果非常理想，表面上对方也认同了我们的谈话。可是，我们事后往往会发现情况并非如此。这通常是因为我们犯了先入为主的错误。我们预先对他人的想法、立场、动机做了假设，然后又按照自己的假设去沟通。对方则由于诸多原因，例如，你太强势，你是上级，不方便解释等，而敷衍了谈话或者言不由衷。

主管：我看你最近有点不开心，怎么了？

下属：业绩评级给我的评价是"B"，我想不通。

主管：哦，是这样。你愿意多跟我说说吗？

下属：我各方面都做得挺好的，也没有犯什么错，为什么是"B"呢？

主管：你能把你认为做得最好的方面举几个例子吗？你对绩效评价怎么看？

✓ 明知故问，高手从来不给答案

一个好领导、一个称职的咨询顾问、一个高情商的妈妈，都不会轻易给他们的下属、客户、孩子答案。他们会通过一连串有力的提问，引导对方主动思考，和对方一起去享受寻找答案的过程。

如果有人向你求助，希望你给一个建议，你不妨也从下面的角度来问一问，和他一起去探寻答案。

◉ 有关寻找资源的提问

"完成目标（解决问题）需要哪些资源？"

"你目前拥有哪些资源？"

"这些资源在哪里可以找到？"

"如果你必须得到帮助，你会想到谁？"

"如果需要发挥优势或特长，你会怎么做？"

"如果必须选择一个行动，你会做什么？"

◉ 想想别人是怎么做的

"其他同事是怎么操作这件事的？"

"国外同行是怎么干的？"

"换作某某人，他会怎么做呢？"

"还有谁在做类似的事，他们是如何成功（失败）的？"

"如果是在古代，人们会怎么做？"

"如果是在未来，人们会怎么做？"

⊙ 换个视角想想方案

"如果你是老板，你会怎么做？"
"如果你是妈妈，你会怎么做？"
"如果你是客户，你会怎么做？"
"如果打破所有的限制，你会怎么做？"

愿意不断地提出好问题，是因为高手们相信，每个人都能为自己做出最好的决定。

───── ▰ 三个还原提问刻意练习任务书 ▰ ─────

请你在日常解决问题的对话中，使用三个还原的提问技术，并整理出你认为非常有效的一些好问题。

还原事实你通常可以问：＿＿＿＿＿＿＿＿＿＿＿＿＿＿＿

＿＿＿＿＿＿＿＿＿＿＿＿＿＿＿＿＿＿＿＿＿＿＿＿＿＿＿＿

还原细节你通常可以问：＿＿＿＿＿＿＿＿＿＿＿＿＿＿＿

＿＿＿＿＿＿＿＿＿＿＿＿＿＿＿＿＿＿＿＿＿＿＿＿＿＿＿＿

还原意图你通常可以问：＿＿＿＿＿＿＿＿＿＿＿＿＿＿＿

＿＿＿＿＿＿＿＿＿＿＿＿＿＿＿＿＿＿＿＿＿＿＿＿＿＿＿＿

攻略 *17*

情绪聊天术：成为受欢迎的聊天者

聊天是感性的，会聊天的人，知道什么样的互动方式能让人心情舒畅。你是否受欢迎，他人是用情绪投票的。

人们因为好情绪而记住你

◉ 好情绪令人向往

遇到一个温暖的笑容，我们的心情也会随之愉悦；走进欢乐的人群中，我们也会变得兴奋、振作起来。所以，如果你是一个能够给别人以温暖和支持的聊天对象，别人会更加愿意和你沟通。没有人喜欢和相处时"不舒服"的人在一起。积极的情绪会带来友好的氛围、甜蜜的感受，这是建设良好人际关系的核心要诀。

◉ 杏仁核帮我们选择开心的人

我们所有重要而深刻的记忆，都是以"情绪＋情境"的形式存在于我们大脑的杏仁核里的。这是我们的"情感数据库"。愉悦的情绪体验会帮助我们深刻地记住和那个人在一起的沟通情境，并且不断让我们再次去选择和令我们开心的人聊天。同样，沟通中不爽的记忆也会提醒我们，离开那个令我们不开心的人。

尬聊面面观，那些被你聊死的天

◉ 有时候，别人只是想抱怨一下

这天下午，S姐莫名地烦躁，她向微信里的好友们纷纷发出求聊信息："方案还差两个，领导不给力，不想干活儿，怎么办啊？"

一眨眼，好朋友们就噼里啪啦地回了她信息。

朋友"我心飞扬"回她说：

"嘿，又想罢工啊。最近忙啥呢？

"进展如何啊？

"呵呵，那就歇会儿再做呗。

"你最近看没看那部新出的大片？

"你家的风信子开花了没啊？

"呵呵，差不多了，赶紧回去做吧，以你的聪明才智，分分钟的事！"

跟"我心飞扬"聊了一会儿后，S姐神清气爽地回去继续做方案了。

此时，"痛并快乐着"也回信息了：

"方案天天改，计划不如变化快，哪有那么容易满意啊！

"什么年代了，你还指望领导给力。

"天下领导都一个样，干活时使劲用你，挣钱时没你的份儿。

"这种领导我遇到的多了……

"我跟你说，你们公司算好的，我们公司更乱。现在经济不景气……"

"痛并快乐着"聊得情绪激动，越说越多。S姐却为此感觉暗无天日，又不想做方案了。

好友"大爱无边"也发来了消息：

"怎么不想做了呢？

"你怎么知道没法做呢？不努力怎么会成功呢？

"其实领导的支持也是需要我们自己争取的，你说对吗？

"其实，我也遇到过这样的情况，我觉得你可以尝试与领导沟通一下。领导不支持在很多时候是因为不了解我们的情况。你觉得呢？"

听完了"大爱无边"的话，S姐郁闷至极，回了一句，"谢谢您啊，我先忙了，再见！"并且恨不能把他拉黑了。

如果你是S姐，下次你会找谁聊天呢？

"我心飞扬"一定就是那个受欢迎的聊天者。

并不是所有的情绪低落者，都像你想象的那么糟糕；并不是每一个来问你该怎么办的人，都是真要寻找一个答案。很多时候，她只是抱怨一下，想找个人陪一会儿。你可千万别那么较真。

◎ 有时候，别人需要自己被看到

又到了办公室的下午茶时间，茶水间挤着几个同事。

G 兴奋地发言："各位，我周末参加了一个培训，国外的一个大师来做亲授。这是 ×× 技术在国内的首次推广啊！我收获很大！我还见了很多名人，你们看，这是我和他们一起拍的照片。"

在茶水间里的你，会怎么接过话茬呢？

A. 哎哟，太厉害了。你看，这不是 ×× 嘛！

B. 最重要的还是要有干货。这些名人好多也都是包装出来的而已，中看不中用。现在这些功利的活动太多了。

C. 这种活动如今太多了，我上次也参加了一个，比你这个场面还大！那位老师光助教就带了 20 多个。我还是在 VIP 区听的，回头我把录音拿给你们听。

D. 认真地看照片，然后问："能说说都讲了什么吗？"

在沟通中，你觉得自己更像谁？

你会习惯性地给别人个赞？还是会挑剔，指出问题？你会受不了这样的"高调"，迫不及待地想表达"我比你更好"吗？还是，你的关注点总是和对方不在一个频道？

有时候，别人只是需要被看到，心照不宣地呼应一下没什么不好。

◉ 有时候，别人要的不是解决方案

在北京飞往广州的航班上，一位女士刚刚打开电脑，电脑就突然蓝屏，系统崩溃。这位女士非常着急，不知道重要的资料和文件是否能够恢复。于是，她焦急地询问旁边的男士："能不能帮我看看这怎么了？"

旁边的男士飞快地扫了一眼，然后继续噼里啪啦地敲着自己的电脑说："系统问题。"

"啊，系统，"女士感觉事情大了，"这数据还能恢复吗？"

旁边的男士头也没抬地继续说："这要看数据保存在哪里了。"

女士几乎要哭出来了，说："我刚写的论文，还在桌面上，没备份！"

"那没戏了。"

"啊！那怎么办啊？"女士低声嘟囔，快哭出来了。

男士这时才停下手上的事，说："着急也没用。你回去可以把电脑拿到客服中心去修修试试。反正你现在也用不了了，不要动它了，关掉收起来吧。"

女士收起电脑，一想到熬了几天写的论文转眼就没了，下飞机以后还要给客户演示方案，这下也没戏了，就委屈地直掉眼泪。

男士有些不知所措，着急地说："你哭也没有用，现在根本没办法修啊！"

这位男士，真是个不会聊天的人。很多时候，我们更需要获得感受上的理解和支持，而非立即提供有效的解决方案。

◉ 有时候，别人是来分享幸福的

闺蜜刚刚谈恋爱，幸福得睡不着。她拿起电话，打给你："嗨，睡了吗？我谈恋爱了。"

电话这头的你，会如何回应？

第一类经典反应：

"哎哟，不容易啊！"

"哪里的人啊？"

"干什么工作的啊？"

"有房吗？"

"收入怎么样？"

"和上一个比，哪个帅点儿啊？"

这是不解风情的"包打听"，这么问是要查户口吗？

第二类经典反应：

"啊，你决定谈恋爱了！"

"是你们公司的客户啊？多大岁数啊？"

"你不要上当啊！"

"朋友聚会认识的？才多久啊？得多多交往才行啊！"

"我这不是担心你嘛，不识好人心。"

这种则是"杞人忧天"的老母亲，凡事都还没确定，就判断出不幸的结局。

令人愉快的聊天者，通常会这样说：

"是吗？你们怎么认识的啊？"

"怎么回事啊？快说说！"

"哇，幸福死了！"

"好好珍惜，祝福你啊！"

很多时候，别人找你分享，是因为他们想分享此时此刻的美好感受。你其实只需要见证这份感觉就好了。你实在不必太八卦地打听细节，更没必要大惊小怪地担心。当对方随便说上一句"你觉得呢？"你可千万别认为这是在征求你的意见。

如何聊出好情绪

◉ 做镜子，不做导师

如果你不是专业的咨询师，不是某个领域的顶级专家，不是令人尊敬的长者，不是令人信服的领导，也不是他人的挚交好友，实在不可能有人会经常请教你的意见。

好的沟通者很少给别人提建议，出主意，他只是像镜子一样，默默地照出对方的样子。他开心，你就照出他的开心；他难过，你就照出他的难过；他渴望认可，你就给予他温暖的目光；他期待分享，你就与他一起畅谈感受。

◉ 善倾听，与之共鸣

当你敲响一排音叉中的一个时，没多久，其他的音叉也会发出同样的乐声，它们的声音会互相应和，产生共鸣，甚至越来越大。对于这种现象，我们在小学的实验室里就已经接触过了，音叉的乐声来自于声波共鸣。

声波看不见、摸不着，却实实在在存在着，情绪亦是如此。看不见、摸不着的情绪，也是由不同振动频率的能量组成的，彼此之间也会产生巨大的影响。情绪的共鸣是比语言技巧、举手投足更深层次的共鸣，它时刻存在着，往往在无意识之间就发生了。

深入的倾听、发自内心的理解、相似的经历和信仰，都会引发强烈的共鸣。这份情感的共鸣能力，是好的沟通者最核心的素质。

◉ 引情感，把握人心

沟通高手们，不仅能够和他人产生共鸣，还能够主动引发他人潜在的情绪，从而抓住对方的心。

一个催人泪下的广告创意，一个激动人心的演讲主题，一首令人动容的歌曲，往往都是因此触发了他人的情感。

在沟通中，讲别人感兴趣的话题特别重要；能够把话说到对方的心里也特别重要。这需要你对于人的情感有深入的理解，你要增强自己的感性，提高自己的情商。例如，一个具有影响力和领导魅力的人，一定知道说什么样的话、办什么样的事，才能够唤起他人振臂一呼的追随热情。

您是一个会情绪沟通的人吗

以下的问题，你可以用是或者否来回答。

1. 我能准确、细致地区分不同的情绪状态，而不是只知道现在感觉好或不好。

2. 我知道自己喜欢的人和不喜欢的人都是什么样的，并且知道原因。

3. 沟通中，我很敏感地知道自己对某个话题的感受，当我感到不适时，我能够分清楚自己是伤心、害怕还是愤怒。

4. 某些人和事会特别引起我的强烈情绪，我明白这是为什么，并会克制，不会迁怒于人。

5. 在沟通中，我能够准确地表达我的感受，这不仅是使用语言，我还会使用自己的表情、动作等。

6. 我通常能够听出别人的言外之意，我会更倾向于判断对方的情绪而不仅仅是聚焦于说话的内容。

7. 我知道别人什么时候需要情感的支持，并知道自己想要去支持他的目的是什么。

8. 我不会扫他人的兴，除非我清楚地知道，我为什么要这么做。

9. 我知道什么话题更能够引起别人的兴趣。一般来说，这些话题都会起到很好的沟通效果。当然，我也知道说什么可能会激怒别人。

10. 我能够在激烈的争论或冲突中很快抽身出来，发现自己和他人的情绪及起因。

如果你的答案里有超过 8 个"是"，恭喜你，你是情绪沟通的高手。你不仅能很好地驾驭自己的情绪情感，还能够理解他人的情绪，并在沟通中自如地运用。

如果你的答案有 6 个以上 8 个以下"是"，你在沟通中对情绪的把握仍有潜质，还有很大的提升空间。

如果你答案中的"是"在 6 个以下，你就需要仔细研读本章的内容，并设法提高情商。

■ 语言情绪反应刻意练习任务书 ■

请你和朋友讨论，说哪些话题时，会带来以下不同的情绪反应：

情绪反应	说些什么会导致这个情绪反应
开心	
愤怒	
悲伤	
焦虑	

攻略 *18*

面对固执己见者：顺势而动，以柔克"轴"

> 有力量去坚持应该坚持的，有勇气去改变可以改变的，同时，有智慧去分辨这两者。

名登山队员，在冬日黑夜里独自挑战高峰，不幸失足坠落山崖。

在坠落的过程中，他身上的安全绳幸运地挂住了一棵树，他被悬挂在"半空中"。在漆黑的夜里，他感觉自己上不着天，下不着地，伸手不见五指，看不到自己的位置。登山队员面临着一个生死抉择的困境：如果不割断绳子，他很可能会被冻死；如果割断绳子，底下可能是万丈深渊，他也很可能会被摔死。

这时候，他不得不求助上天："老天爷啊，快救救我。"

老天爷还真显灵了，问他："孩子，你肯信任我吗？"

登山队员连忙说："当然，当然。"

老天爷说："那你就割断你的绳子吧！"

如果是你，你会割断绳子吗？

人们对未知总是充满恐惧。虽然挂在树上，可能会被冻死，但毕竟当下还活着；如果割断绳子，可能立即就要面对万丈深渊。这位登山队员，也是由于这样的恐惧，反复思考，还是没敢割断绳子。

第二天，营救人员在距离地面不到 2 米高的地方，找到了登山队员的尸体。他冻僵的双手，还紧握着这根"救命的绳子"。

身边无处不在的"轴人"

◉ 他们是有"原则"的人

他们追求完美，对自己、对别人、对工作的标准都特别高，嘴里经常说"必须""应该""一定"；凡事一定要讲个"理"字，相对于结果，更关注对错。他们的口头禅一般有："咱必须把这事说清楚""一定要给一个说法""按规矩办事""这事没商量"。

身边有些这样的人，真是让人欢喜让人忧。喜的是，对于工作和生活，他们还真是很认真负责的，把事情交给他们也是让人放心的；忧的是，他们太"轴"，缺少回转的余地，经常会耽误事情的进展，沟通中也会制造紧张关系。"原则"就是他们"救命的绳子"。

◉ 他们擅长"一条道跑到黑"

不听劝，不顾别人的想法和感受，一旦自己认准某种想法或道理，就一条道跑到黑，爱钻牛角尖。

发明一个新的技术产品、创办一家新的企业、推动一项改革的施行，如果没有"一条道跑到黑"的轴劲，恐怕还真不容易成功。但是，如果将这个轴劲放在沟通和关系里，就可能会造成破坏性的后果。"认准某种想法和道理"是他们"救命的绳子"。

◉ "打死也不说，问啥都随便"

问啥都随便的人，最不好沟通。啥观点都不表达的人，很少是真没有观点，相反他们恰恰是因为内心真正的想法才不说。这种"闷轴"的人，不表达自己的感受，不说自己的想法，无论沟通什么，他们都会点头应声。但当你一回身，他们还是会按自己的想法行事。恐怕最令人烦躁的事，不过如此。"内心真正的想法"是他们"救命的绳子"。

"轴人"为什么"轴"

◉ "轴"是一种情绪化的坚持

小J到了谈婚论嫁的年纪，他的母亲坚持一个"原则"：小J一定不能找离异家庭的女孩。问其缘由，原来是母亲觉得离异家庭的孩子性格有问题。这个理由未免有些牵强。父母婚姻出问题，对孩子的成长可能会有影响，但这种影响，未必就是坏的影响。拿这条作为"相亲"的标准，未免会让小 J 失去一些机会。

小 J 偏偏交往了一个父母离异的姑娘，姑娘各方面都不错，性格也好。其父母虽然各自组建了家庭，但相处得都还很融洽。可是，小 J 的妈妈见都不见这个姑娘，任凭小 J 怎么疏通，就是一句"不行"。

了解小 J 妈妈的经历后才发现，原来小 J 妈妈的父母在其小时候离婚，当时闹得很不愉快，小 J 妈妈听过很多闲言碎语，心里难免落下阴影。她和小 J 父亲的夫妻关系也很紧张，但是她坚持为了小 J 没有离婚。看来，这个离婚的问题就是妈妈的"心病"。

"轴人"乍看上去貌似很理性，能说出很多道理和原则。很多"轴人"还很善辩，他们总能义正词严，旁征博引，只搜集那些能证明自己是"对"的事实，对于相反的事实，则视而不见。静下心来，你就会发现，"轴人"坚持的背后，隐藏着很多情绪。这些情绪不过是为了保护他们不再受到威胁和伤害。

淡定从容的坚持者，从来不会让别人感觉不舒服。他们如同麦穗一样，风过头低，依旧自在地生长；如流水般，左右逢源，依旧日夜向海。"轴人"则不同，他们的宁折不弯充满了情绪化的坚持。

⊙ "轴人"比较刻板

咨询室里有位来访者，因为和丈夫的关系出了问题来寻求帮助。她的问题，可能在外人看来，根本不是问题，却让她十分困扰。她不明白，在她与老公沟通时，为什么不能讲理，为什么讲理就是没效果。

她激动地对咨询师说："老师，您觉得抽烟对吗？"

咨询师说："抽烟的确会影响健康。"

她说："那么我说的是不是有道理？"

咨询师沉默。

她继续说："他为什么就不能改？"

咨询师不禁笑了。

她更加生气地说："我不明白，为什么不去做对的事情呢？"

咨询师说："你跟他讲道理有效果吗？"

她说："没有。我就是不明白，为什么不能讲理！"

我们经常说："轴人一根筋，非要讲个理。"那么，"轴人"的这个理有什么特点呢？

- 他们坚持的观点往往很绝对化，非黑即白。
- 特别关注"对错"，凡事一定要评出个"理"来，而不关心事情是否得到了解决，大家的感受如何。
- 以偏概全。盯住一处，忽略全局，容易给别人贴标签。
- 容易把结果扩大化。典型的想法是一件事情做错了，肯定全盘皆输，例如，被领导批评了，肯定会失去工作。
- 容易悔不当初，爱翻旧账。同一件事，别人早不在意了，他们仍耿耿于怀。

- "轴人"坚持旧有观点和想法，往往不能与时俱进。

"轴人"的这些"一根筋"，在心理学上被称为非理性信念。这些信条像绳索一样锁住了他们的灵活性和创造力，让他们不能适应环境，无法完成目标，还会让他们和身边的人发生沟通的碰撞和关系的障碍。

小测试

测测你的"轴人"潜质，看看你对以下结论是否也"坚信不疑"。

1. 做工作（做事情）一定要获得别人的认可。

2. 业绩好（工作能力强）就应该得到晋升。

3. 做错了事，就应该受到严厉的谴责和惩罚。

4. 事没干好，就肯定会被辞退。

5. 领导就应该比我强（专家就应该绝对正确）。

6. 这个问题不解决，公司肯定发展不了（事情肯定做不成）。

7. 公司应该对我负责任，你应该为我负责。

8. 所有的事情一定有对错，所有的问题一定有答案。

9. 只要付出努力了，就一定能有回报。

10. 制度必须是公平的。

◉ "轴人"没有目标，只有原则

行政部的 Z 经理是一个令领导放心的"轴人"。他负责检查员工的考勤和公司的库房管理，特别坚持原则，可谓铁面无私。

有一天，技术部突击产品开发进度，紧急加班到很晚，士气十分高涨。晚饭时间过了很久，大家都忘记了出去用餐。技术部的领导说，给大家叫外卖吧，大家补充一下体力。外卖来了，大家不愿意放下手上的活，建议边吃边干，今天把项目突击完成！

这个时候，Z 经理犯起"轴"来了。由于公司的办公区不太通风，一方面为了防止办公区有味道，一方面也是鼓励大家多出去走走，公司禁止大家在工位上用餐。所以，他坚持大家不能违背规定，一定要出去用餐，或者到茶水间去吃饭。

技术部的同事觉得 Z 经理太不通人情，打击士气。技术部的领导亲自去跟 Z 经理沟通，说："今天实属例外，现在出去恐怕饭店都打烊了，也会影响进度，能不能通融一下？"

"我只是执行者，我说了不算。反正，我是不会叫外卖给你们送到工作间的。"接下来的故事，想必不用说了。

我们不难发现，"轴人"不关注结果，也不关注关系，他们比较关注"原则"。他们是一群"铁面无私"的人，有时却会让人怨声载道，因为他们对有些"原则"的过分坚持，导致了事情走向不利的结果。

顺势而动，以柔克"轴"

如果你遇到了一个"轴人"，沟通的时候，千万不可硬碰硬，一定要分对错，总希望他能改变。如此一来，你就是跟"轴人"一起"犯轴"。

◉ 第一步：放轻松

"轴人"不仅在思想上容易犯"轴"，长期刻板的信念模式，也会造成他们在情绪上的堵塞，以及身体上的肌肉紧张。"轴人"的面部表情往往比较匮乏，动作也硬邦邦的，身体看上去不太灵活。

营造轻松愉快、尊重互信的氛围，是与"轴人"沟通的关键。因为，紧张的情绪会产生"聚焦性思维"，使"轴人"更加关注自己坚持的那个点。而积极情绪能够帮助"轴人"放松心情，解放思维，提高灵活度，拓宽视野，从而看到更多的可能性。所以，你可以先聊一些轻松的话题，让他放松下来。

◉ 第二步：等拐点

"轴人"在放松后，会发生一些变化，这些变化意味着，有了情绪的"拐点"。此时轴人可能有这样一些表现。

- 沟通的气氛好了起来，有了玩笑、彼此认同的话。
- 话多起来了。愿意说出更多的想法。

- 前后不一致的表达，例如，开始时说"这事一定不行"，此时却说"事情都不是绝对的"。
- 不同的肢体语言。身体放松，不再防御，可能换了一个和之前完全不同的更舒服的姿势。

◉ 第三步：找目标

在"轴人"出现松动后，你可以与他聊聊目标。当然，你可以尝试让他明白，你们各自想要的结果是什么，你认同他说的哪些部分，你并不是要去改变他，而只是为了达成你们共同的目标，希望得到他的支持和帮助。

────■ 打破固执行为实验刻意练习任务书 ■────

请你挑一件你一直坚持却又困扰你的事。例如，如果没有生病，就绝对不能请假。尝试做一点不一样的行为改变，看看会发生什么，你的感受又是什么。

我原来的做法：_____

_____

我新的做法：_____

_____

发生了什么：_____

_____

我的感受是什么：_____

_____

攻略 *19*

化解"不招待见"：让沟通充满正能量

> 一种不被人喜欢的说话方式被用得久了，人们就会对此习以为常。因为那些不喜欢你这样说话的人，都已经离开了。

美国圣保罗雷姆塞医学中心精神病实验室，曾经让 200 多名男女做过一个"哭泣实验"，85% 的女性和 73% 的男性说自己大哭一场后心里舒服了许多，压抑感测定平均减轻了 40% 左右。这个中心的专家还对哭泣所产生的眼泪进行了分析，发现情绪悲伤时，眼泪中含有亮氨酸和催乳素两种对人有害的化学物质，通过哭泣，眼泪能将这些化学物质排出体外，减轻心理压力。但是在其他因纯粹生理作用流出的眼泪中，则没有这些物质。

负面的情绪竟然有如此的"杀伤力"。在沟通中，给别人添"堵"的人，就是在传播负能量。难怪这些人总让人避之不及，不被人"待见"。

你是哪种添堵者

为了避免传播负能量，我们首先要意识到我们有哪些行为在给人添堵。

◎ 刀子嘴、犀利心的刻薄之人

刻薄之人说话喜欢一针见血，直戳人心，让人难堪。他们要么细声软语地飞银针，要么语不惊人死不休地砍大刀。不管是哪种刻薄，其总能稳抓要害、直指本质。

刻薄之人比较擅长反问，凡事爱用反问句："你觉得呢？"刻薄之人对看不惯的事和人的抨击很少顾及场合。刻薄之人往往看上去"深明大义""义愤填膺"。

刻薄之人给人添"堵"，不给人留有余地，是因为他们对人缺乏悲悯之心。

◎ 应该这样、不应该那样的教导主任

教导主任，往往都是铁面无私的法官。他们不考虑感受，只考虑规矩。他们对问题的处理办法，除了对就是错，除了黑就是白，没有任何中间地带。不过那些规矩和对错，并不一定是法律法规、规章制度，多数时候只是他们自己坚守的"信条"。例如，若要健康，就一定要吃素，工作一定要让客户满意，做事情一定要严守时间，等等。教导主任很多时候并非为了"教导"别人，也并非

为了你的健康，或为客户着想，或为了提高效率，而是不按照他自己的规则来，他就难受。

教导主任给人添"堵"，常以"我是为你好"的名义，强迫别人按照自己的想法来。

◉ 唉声叹气的坏消息发布者

制造坏消息的人，特别爱"担心"。你找不到工作，他担心没前途；你找到工作，他担心你和领导关系不好；你不升职，他担心你买不到房；你升职了，他担心你太累猝死；你辞职创业，他担心市场环境不好；你创业成功了，他担心你家庭不和。因为"担心"，各种可以诱发焦虑的事都会成为他关注和传播的主要目标。

在不遗余力传播坏消息的队伍里，还有一群生力军，当属"爱抱怨"的人。爱抱怨的人都一样，他们不去争取，也不去面对，认为所有问题都来自外部。他们有时还会添油加醋地制造各种坏消息。

坏消息发布者给人添堵，是因为他们不会用积极的眼光和态度看世界，执意制造"雾霾"，非要将自己灰暗的世界与大家分享。

◉ 满嘴好话的讨好者

有些人在人群里，总是特别有礼貌，特别会说话，顺着别人的意夸赞别人。但有时好话说尽的人，便也没了好话。时间长了，别人便也没法知道，这些人口中哪句是"好话"，哪句是"敷衍"了。

总是迎合别人的人，迎合得多了，便成了一种应酬，最终会令人厌倦。

◉ 所向披靡的好胜者

有些人凡事必争个高下，到哪里都要有自己的一个展示空间，喜欢胜人一筹。他们喜欢在竞争中获胜，靠实力上位。强烈的比较心，让他们拥有了胜利，也失去了人心。他们一开始可能会让人感觉眼前一亮，相处久了难免会让人敬而远之。

◉ 自我感觉良好的拯救者

拯救者不管自己身居何位、条件如何，都会对别人伸出"援手"。一桌人吃饭，他要买单；别人家夫妻有了矛盾，他要出面调解；多年不见的同学回乡探亲，不管对方愿意不愿意，他都要去接待。拯救者就是这样，不断安排，不断付出，不问这事该不该他管。他会在这些事中获得存在感和价值感。拯救者的"爱"与"奉献"也许开始时会让人很温暖，久而久之，他自己却会在不知不觉中失去自我。

◉ 默默无语的冷面杀手

有些人仿佛是情绪的"木乃伊"，不管什么事，他都激动不起来。对于别人的情绪和感受，他总是漠不关心、无动于衷。脸上的表情，永远是不咸不淡的。说个笑话也没什么反应，谈个事情也没什么热情。这样的人，也实在是让人亲近不得。

补充正能量，好好爱自己

要想不给别人添堵，我们首先要把自己的负能量转换成正能量。拥有满满的正能量，自然人见人爱。

◉ 刻薄之人，要先学会爱自己

刻薄之人总是沉浸在不被爱、不被尊重的感受里。因为对自己刻薄，所以对别人也刻薄。刻薄之人为何如此直击要害，是因为那些"要害"，一定是触动了他们自己内心的伤。刻薄之人的攻击，不是为了"治病救人"，只是为了让自己得到宽慰。所谓的刻薄，不过是通过找出别人的伤口，而化解自己的焦虑而已。刻薄之人，多有一颗脆弱的心。

所以，刻薄之人要先学会爱自己。一个爱自己、尊重自己的人，才能够去爱别人、尊重别人。仁心方有妙口。

◉ 教导主任，要学会解放自己

教导主任往往沉浸在被束缚的感受里。他们从小就受到了太多的教导，内心时刻有一个严厉的法官，太在意外界的评价，只有把这种要求和指责指向他人，自己才能松一口气。

教导主任要先学会解放自己，轻松真实地做回自己，自然才会允许别人轻松自在地做自己。"教导主任"还要时刻铭记，"不要去拿你的尺子，去量别人的长短"。

◉ 坏消息发布者，要学会自己承担

坏消息发布者沉浸在无力的灰暗世界里。他们总是那么需要别人的关怀和理解，时刻充满失望和恐惧。他们像一个没长大的孩子，需要有人关注才开心，需要有人给他承诺，他才安心。

坏消息发布者，要学会感恩，要学会自己承担责任，勇敢地做自己。没有人应该对你的生活负责，好与坏，全在你自己。

◉ 讨好者，要学会情感自立

讨好者的内心经常会被"无价值感"所困扰，需要通过获得他人的情感认同，才能感觉到自己是有价值的。所以，讨好者要学会情感独立。不必用自己的迎合去换取他人的认可，你的生命，自有价值。

◉ 好胜者，要学会勇敢地做自己

好胜者需要放下比较之心。他们沉浸在对成就感的渴望里，看似积极，实则缺乏对自己的认可，内心里充满对自己的不确定。每一次追逐胜利的过程都如此激动，每一次落幕后又会陷入无尽的空虚中。好胜者要学会战胜自己。

◉ 拯救者，要学会先拯救自己

拯救者最需要拯救的是自己。他们常常沉浸在缺乏爱的无力感里，甚至充满了对现实的失望，所以才会把自己包装成"神"，

从被拯救者的弱小里体会到自己的强大，感动得自己热泪盈眶。其实，他自己才是那个最需要被照顾、被"拯救"的人。

◉ 冷面杀手，要学会培养感情

情绪是生命最真实的体验，是什么锁住了你的心，阻挡了你的情感流淌？微笑、悲伤、愤怒甚至疯狂，都是生命该有的部分。冷面杀手们，需要先温暖自己的心。

看破不说破，还能做朋友

与不招待见的人相处，需要你自身拥有强大的正能量。以毒攻毒、据理力争、恼羞成怒、避而不见往往会适得其反。

◉ 对刻薄之人，一笑而过

如果你能明白，刻薄之人的飞刀，不过是一种自我保护，你就大可不必与他们据理力争。你的强势会让脆弱的刻薄之人害怕，继而更加严重地攻击你。当然，你也不要摆出一副委屈的"受害者"的样子，因为这种"受害者"的样子，会让刻薄之人找到伤害别人的快感。

他的飞刀暗器，会在你淡定的一笑而过后，散落一地。

◉ 向教导主任，申明立场

对于教导主任来说，最重要的问题是，他们一定要将其认为是对的事强加于人。所以，与教导主任的沟通，重点不应该放在辨别对错上，而应该放在划清边界上。你需要找到合适的方法，对他明确："请你尊重我的选择。"

当然，如果你有教导主任式的父母和领导，这种划清边界的方法会比较难以执行。所以难怪在"谆谆教导"下，会有那么多叛逆的孩子产生。然而，逆反从来不是解决问题的最佳方案，只会让教导来得更加猛烈。所以，你不妨从父母的教导里，体验爱的部分，接受有价值的部分；从领导的教导里，找到需要执行的部分，可以让自己进步的部分。而对于越界的部分，你可以平静地申明立场。对于无力改变的部分，也要带着尊重接受。记得，你一旦被激怒，你就已经败了。

◉ 远离坏消息发布者

人际交往中，你要学会远离坏消息发布者。在单位，远离抱怨的人；交朋友，找阳光积极的人；在网上，不要去负能量爆棚的公众号凑热闹。但是如果你恰好有这样一个唉声叹气的爱人，那就要看看你自己为什么会和他走到一起，再尝试一起想办法，共同去改变；如果你有这样一个唉声叹气的父/母，也不要委屈抱怨，允许自己先与他们保持一些距离，努力把自己变得强大以后，多多关心他们，相信他们也会发生改变。

◎ 对讨好者的迎合表示尊重

讨好者的过分"礼貌"和"迎合"容易激发人本能的反感和厌恶。但是，粗鲁地表达拒绝和直接贬低讨好者，显然不礼貌。尊重和客气，会让你和讨好者之间保持不伤和气的距离。对于讨好者的夸奖，你不必谦虚，也不必解释，礼貌地说"谢谢"。

◎ 不要轻易接受好胜者的挑战书

好胜者的"挑战书"，有时候只是为了获胜的快感。所以，你需要考虑清楚，自己与他比赛是为了什么，如果你自己不是一个好胜者，自然就能想明白是否要加入比赛。别想着要教训他一下，如果你有这个想法，你可能也是个好胜者。面对好胜者的"激情"，你可以礼貌地赞扬，也可以选择默默地转身。

◎ 明确地告诉拯救者"我不需要"

拯救者的付出，一旦没有回报，就会"由爱生怨"。所以，当他送来礼物时，你需问问他为什么，并确认自己是否能够给予他同样的回报。如果他给予的是情感是关怀，你需要确认这是否是你真正需要的。并且，你也要确认自己是否能够给予他想要的回报。否则，如果有一天，对方的期待落空，他可能会瞬间翻脸，成为你的"仇"家。

◉ 温暖地看看冷面杀手的眼睛

冷面杀手的内心，多半还存有余温。如果与冷面者相对无话，不妨就温暖地看着他的眼睛。如果你能透过冰冷的眼神，理解他的内心，他可能就会变成一个"有情人"。

■ 负面沟通习惯自检刻意练习任务书 ■

沟通中的坏习惯	我的改善计划

攻略 *20*

男女沟通模型：要"心动"，不要"心梗"

我们曾因为彼此的"不同"而"心动"，走到了一起。
我们又因为彼此的"差异"而"心梗"，恨不能分离。

男性不接受矫正，女性不需要拯救

女性天生有想去改造男性的冲动，像一个出于好意的妈妈。于是，总难免絮絮叨叨，问东问西，嘘寒问暖。可是男性对来自于女性的"矫正"却是十分敏感，十分抵触的。这会影响男性的自信心，让男性觉得，你是不是认为我什么都做不好？男性喜欢把控制权掌握在自己的手里，所以，你越干涉，他就会越"抵抗"，越不愿意对你说出真实的想法。如果男性感觉你不信任他，就会变得更加固执己见。

所以当女性热情地给男性提建议，希望他变得更好的时候，往往适得其反。男性会觉得这是一种侮辱，伤害了他的自尊，质疑了他的能力，他当然会愤然拒绝，或非暴力不合作。当男性不听取这些建议时，女性又会把男性的沉默和愤怒当作"他根本不在乎我""他根本不知好歹""我对他来说根本无关紧要""我做了这么多他根本不领情"，于是沟通的冲突更加强烈。

男性不喜欢不请自来的"援助"或多此一举的"同情"，所以给男性提建议时需要技巧。

✓ 变命令为选择

"我觉得你穿那件格子衬衫和我的裙子有点不太搭，明天去参加聚会时可以换一件吗？"

让男性感觉控制权始终掌握在自己手中很重要。

✓ 变复杂为简单

"能不能跟我一起逛个街？我想帮你挑点衣服。"

不要长篇大论，不要委婉铺垫，"你看，你今年升职了。穿着对于职场也是很重要的。你穿衣服的品位也会影响别人对你的评价……"绕来绕去说了很多，在说到正题去买衣服前，男性早就觉得你想改造他了。

✓ 变确定为不确定

"这件事儿我不太确定是不是应该告诉你？"

"我不知道我的理解对不对？""我试试看，说说我的想法，看看你是不是能够认同？"

不要在男性面前扮演专家、权威，或者不分时候场合，去批评男性，给他留有自尊心很重要。

女性是情感动物，情绪常起起落落，实在是一件很正常的事。而当女性有情绪的时候，其实需要的并不是"解决问题"，而是"解决情绪"。她需要的只是陪伴和倾听，或者哪怕只是男性对她的情绪表现出一种"耐受"。但是很多男性，天生以解决问题为己任，回避情绪，非要让女性说清楚到底发生了什么，要给她建议。女性因此会心情更差而拒绝男性的建议，这让男性很受挫，对自己产生怀疑。感觉无法"拯救"自己的女性，这样一次次败下阵来，更是一见到"情绪"就逃之夭夭。

男性为了"自保"说：

"你根本没必要这么担心！"

"好吧，那就当我什么都没说。"

"我这不是在跟你讨论吗？"

"那你要是觉得我解决不了，还跟我说做什么。"

这些话，显然会激发更大的"情绪地雷"。非但不会让女性情绪好转，很可能会引起更多的"爆发"。

此时女性可能会冲着你大叫：

"你根本就不关注我的感受！"

"你根本就不在乎我！"

"你走！"

女性不需要拯救，却需要实实在在的陪伴。这不会影响男性迈向成功的步伐，其实很多时候，只需要做一些小小的改变：

✔ 变拯救为包容

男性不要以为女性的情绪化是由于你"做了什么"造成的，很多时候其实和你根本没关系。看到女性情绪非常低落，也别总想着把她从坏情绪中"拯救"出来，其实这也是多此一举。没有了这个负担，你就会多一些耐心，不再害怕她发脾气。

✔ 变伟业为小事

女性对一些小事是非常的关注的，例如，做早餐时问一问今天心情怎么样，或者即使你离家在外，也要报一声"平安"。男性很可能觉得这些小事没意义，可这偏偏是女性很在意的。

✔ 变沮丧为理解

女性情绪化的时候，可能会表达一些"过分"的评价，或者对你的付出熟视无睹。当女性的心情跌入谷底，曾经的不愉快，也会被回想起来，她就会变得爱翻一些旧账，这个时候男性会很沮丧。但如果你能明白，男性的"沉默"和"逃避"，也对她有着同样的"杀伤力"以后，也许就可以理解女性情绪上的一些局限了。

放男性走，听女性说

男女对待压力的处理方式也大不相同。遇到难题时，男性希望能够排除一切干扰，整个身心都放在想出解决的办法上，只有问题解决了以后，男性才会大出一口气。心情不好的时候，男性更倾向于守口如瓶，把事情都藏在心里，除非到了必须求助于人时才会考虑说出来。他们在有压力的时候，喜欢"一个人"待着。例如，玩玩手机，打打游戏，他们转移了注意力，大脑就不再牵挂那些烦心的事了，有时候他们还会去做一些运动，例如，爬山、打球，在运动中，压力也随之释放，使他们恢复精力。

如果你不能理解这一点，冲突就会发生。

男性带着压力和问题时，总会表现得心不在焉，反应迟钝。

女性关心地上前说：

"发生什么问题了，快跟我说说？"

"你是不是压力很大？"

"我可以帮你分担啊，你难道不信任我吗？"

"你有没有听我讲话，我是空气吗？"

越说男性就会越急躁：

"没什么，我不想说。"

"烦不烦，能不能让我自己待会儿。"

"你不要无理取闹好不好"

世界大战，一触即发。

男性有一种天性，就是需要独立的空间。所以，女性要对男性渴望有自己的空间这件事，特别注意。学会让男性来去自如是女性的修炼。

✓ 别往坏处想

当男性想一个人待着，或者男性没有精力听你讲话时，你不要胡思乱想。了解这种天性，你就不会给自己"添堵"。如果你对这件事十分介意，也可以和男性约定一个暗号，让你能明白男性"我想一个人待一会儿"的愿望。而不要一言不发，消失不见。

✓ 别往死路逼

一旦男性想要自己待会儿，你一定不要不断地提问，询问他的感受，喋喋不休。"发生什么事了？""你想待多久？""要不要我做什么？""是不是很严重啊？""为什么不告诉我？"

✓ 别往一起凑

不要企图"盘旋"在男性的视线范围之内，也不要提出跟他一起，"我陪你待会儿。""我跟你一起去打球吧。"

✓ 别去翻旧账

当男性解决了问题，兴高采烈地再次出现，不要翻旧账。"你说走就走，不理我。你知道我等得多辛苦吗？"也不要八卦，"事情解决了吗？"假装什么都没发生，想说时他自然会开口。

✓ 别往窄处走

让自己在这段时间里找点事做，可以暂时恢复"单身"，跟闺蜜聊天，单独带娃吃大餐。你的轻松快乐，不仅会让男人如释重负，也会让你体会到前所未有的独立与自由。

女性面临困境时却与男性格外地不一样。她们喜欢找人去谈谈自己面临的困境，滔滔不绝地讲述各种感受。她们似乎有时候并不是急于解决问题，好像在诉说中，答案会自然浮现出来。她们将各种犹豫不决向自己信任的人一一倾诉，心里就会好受多了。女性不觉得遇到麻烦或者解决不了问题是难以启齿的事，反而觉得有人愿意倾听和陪伴，是因为自己有人缘，有人爱。

当女性把你当成了倾诉的目标时，话匣子一下子打开，喜怒哀乐倾泻而出，细枝末节反反复复。男性对这些情绪似乎没有那么多的耐受性，他们急于不断地"出招"。

"那你到底怎么想的呢？"

"你把这件事解决了不就行了。"

"生气能解决问题吗？"

女人似乎对此根本就不领情：

"你根本就不理解我！"

"你从来不明白我的感受！"

"你有没有认真听我讲话！"

男性又挫败，又懊恼，平白地对自己失去了信心。于是两个人就又回到了剑拔弩张，各自穿上盔甲的战斗模式。女性骂男性"没良心"，男性觉得女性"不可理喻"。

男性总觉得女性真是"麻烦"。面对女性的压力和"呼救"，总是束手无策。其实，读懂了女性的模式，沟通就会变得特别简单。

✓ 接受你的局限

不要非逼着自己去弄明白女性的情绪是怎么回事。或者过分有压力，一定要对她的情绪负责。你可以尝试这样表达："你看你这么难过，我却不太会表达，你可别介意。""我神经比较大，你的这个情况，我可能理解得不是特别到位，不过如果你愿意说，我就陪着你。"

✔ 确认你的功能

就像女性无法分辨男性是想自己待一会儿，还是"不爱我了"，男性也分不清楚，女性到底只是想倾诉，还是需要解决问题。所以，不妨也相互做一个约定。当女性很难受的时候，就直接表达："我现在很难受，我想跟你说说我的感受，你不用帮我出主意，就听我说说就好。"

✔ 嘴软不是真软

男性总觉得有些事无须解释，认为"我没做亏心事，油嘴滑舌的才是感情的骗子。"有时候，男性觉得，"我在女性面前认了错，服了输，那以后多没有面子。"其实恰恰相反，只要你能够"不卑不亢"心不虚，嘴软人不软，反而会获得女性更多的尊重。

✔ 建立社交支持系统

一定要鼓励女性去多交一些朋友，有自己的爱好，不要轻易放弃工作。因为如果你是她唯一的"情感资源"，那么你就必然要承担很多的"情感加工"的任务。

✔ 享受跌宕起伏

在男性理性的世界里，未免缺乏阴晴圆缺，潮起潮落的跌宕起伏。如果你慢慢找到了"倾听"的门道，也可以体会到女性的情绪变化，享受情感的波浪，会让你的人生更完整。

女性要"我值得爱"，男性要"我能行"

在传统的文化里，女性习惯牺牲自己，去照顾别人，或者有靠付出和讨好去迎合的倾向。这就会让女性的"任劳任怨"背后常常带着"委屈"。"委屈"就会生出"抱怨"。既不能好好地表达自己的需要，也不敢欣然地接受他人的给予。这种表现又会让男性感觉自己很没用，没有得到鼓励，自然会减少付出。于是"我不值得爱"的结论成为女性的内心深处的噩梦。

同样男性也有自己的恐惧，那就是，怕自己不够有力量，怕"我不行"。所以，其实他在去给予的时候，是非常患得患失的。他会害怕他的给予解决不了问题，不能让女性满意，失去信任。他失败了会被嘲笑。这样他自然不会赢得女性的鼓励和成就感，而且会招致抱怨和批评（如表20-1所示）。

我们的原生家庭对我们的两性关系的影响巨大。如果在我们的家庭中，母亲就是一个含辛茹苦、任劳任怨的女性。女性就很难学会去珍爱自己，学会提要求，学会心安理得的接受。同样，如果男性在成长的过程中并没有一个非常自信的可以让母亲满意的父亲，他也不敢坚信自己会成为一个合格的伴侣。他甚至找不到一个可以模仿的"榜样"。一个男性如果有一个非常强势的母亲，也会让他对女性充满"恐惧"。

表 20-1　男性、女性"情感伪装"一览表

男性	女性
当他生气时 其实是：悲伤、歉意、内疚、恐惧	当她焦虑时 其实是：生气、内疚、恐惧、失望
当他漠不关心时 其实是：愤怒	当她激动暴躁时 其实是：尴尬、无助、悲伤、沮丧
当他武断时 其实是：担忧、没有把握	当她恐惧时 其实是：受伤、悲伤
当他故作冷静时 其实是：恐惧、失望、退缩	当她假装幸福时 其实是：愤怒、悲伤、难过、失望
当他咄咄逼人时 其实是：胆怯、恐惧	当她宽恕时 其实是：愤怒、失望

为了让难能可贵的"心动"，不会发展成为令人遗憾的"心梗"，我们需要努力共同做出一些改变。

✓ 女性先来鼓励

别对男性有父亲的期待，像对待孩子一样的点赞。不必总记挂着大事，及时地针对每一件小事给出积极的反馈。"你今天听我说了这么长时间，太好了！"可能只有 5 分钟。"你帮我把孩子管一管，我就觉得轻松多了。"可能只是给孩子煮了个泡面。优点总会越来越多，进步总会越来越大。

✔ 男性学会翻译

女性说话不直接。男性要学会"翻译"，而不要总害怕犯错。例如，女性说："你根本就是对我视而不见！"这很可能就是因为你回家的时候，进门没打招呼。女性说："我再也不想干这些活儿了，我是你们的老妈子吗？"这就是今天太累了。女性真要放弃什么的时候，反而会冷静异常，什么都不说。

✔ 提要求就是"培养"

女性提要求时要把自己内心深处的"耻感"处理掉。有付出，担责任，男性才会成熟。所以，女性要学会提要求。提要求，也要把握时机，不要用命令，要简单明了，不要说教。千万不要暗示，男性听不懂。只要他行动，就要鼓励，做不好也要忽略不计。这样，下次的要求才会有效。

✔ 在给予中成熟

男性终于学会了理解女性的情绪，满足女性的要求。在付出和给予中，越来越得心应手。自信心和成就感随之增加，这会让男性走向成熟。此时，理性的优势才能更好地发挥作用。男性终于可以站在更高的格局和视野里，给予女性指引和依靠，赢得崇拜和追随。

从此，天下太平。

■ 男女有别刻意练习任务书 ■

寻找你信任的异性，一起探讨本章的内容，记录你的发现，并请他给你一些与异性沟通的建议：

攻略 *21*

亲子沟通提示：以成人的姿态对话，拒绝"暴力"沟通

给孩子成熟的爱，而不是给孩子你熟悉的爱。

M毕业好几年了，一直和父母一起生活，也没交男朋友。

如今工作辛苦、压力大，她仍与父母同住，平时有父母照料她的日常生活，她倒也乐得"清闲"。每天吃完饭，她便会把自己关在屋子里上网。

这天晚饭过后，M放下碗筷，抬脚准备回自己的房间。家里每日例行的沟通就从妈妈的唠叨中开始了。

"我都60岁了，还伺候你，这什么时候才是到头啊。人家隔壁的 ×××，早都成家了。你连个男朋友也不找。"

M想赶紧进屋关门，老爸的管教却也在此时开始：

"我跟你说，你这样下去肯定不行！你这叫'啃老'，知道吗？没有一点责任感，这么多年书都白念了！"

听到这里，M"呼"一声关上房门。

过了好一会儿，M 出房间倒水。没想到，沙发上的母亲一边给自己叠着衣裤，一边掉着眼泪，嘴里还念叨着：

"唉，什么也不会干，我看也是嫁不出去了。不管她又能怎么办，这就是我的命！"

一种无力感涌上心头，自己无数次想离开家，又没有勇气。

M 陷入抑郁。

警惕用唠叨（抱怨）表达情感

唠叨是很多上了年纪的父母常用来关心孩子的方式，但孩子对此并不领情。而且这些唠叨的背后往往藏着父母需要被理解和被倾听的心。其实，无论是父母，还是孩子，我们可能从来没有学会要如何有效地表达情感。

表达愤怒时，你可以这样说：

"我不喜欢……"

"我此时很生气……"

"这件事让我非常恼火。"

表达悲伤时，你可以这样说：

"××事，让我感到很失望……"

"因为……我很难过，我觉得……"

"你说的那一句话，我为此很受伤……"

表达恐惧时，你可以这样说：

"我很担心……"

"我好害怕，我需要你帮我……"

"我不希望发生……因为……"

表达懊悔时，你可以这样说：

"这件事让我很尴尬，因为……"

"我很抱歉，我没有考虑到……"

"我原本无意，没想到……很抱歉。"

表达爱时，你可以这样说：

"我会支持你！"

"我想我能理解！"

"我很感谢你为我……"

警惕用指责（痛斥）代替要求

当我们希望孩子改正一些行为的时候，有时我们会充满"庆气"，把孩子批评得体无完肤。仿佛说得越狠、越难听，效果才会越好。事实上，很多家长的困惑是，除了"骂人"，真不知道怎么说才有用。而有些指责距离侮辱，就只有一步之遥。

古人有教子"七不责"，这七条原则不仅适用于家长，也可作为领导者、管理者，甚至夫妻、朋友之间沟通的"禁忌"。

- **对众不责**。在大庭广众之下，不要责备他人，要给别人保留尊严。
- **愧悔不责**。如果他人已经为自己的过失感到后悔了，便不要再责备他了。
- **暮夜不责**。不要责备已经准备晚上睡觉的人。否则，带着沮丧失落的情绪上床，要么夜不能寐，要么噩梦连连。
- **饮食不责**。不要责备正在吃饭的人，即不要在饭桌上说"教育"的话，以免影响人的身体健康。
- **欢庆不责**。不要责备特别高兴的人，对身体的伤害很大。
- **悲忧不责**。不要责备悲伤、忧愁的人，这会对他们的身体产生伤害。
- **疾病不责**。不要责备生病的人，待身体好转再做沟通。

提出改正建议的有效步骤如下。

- **第一步**：说明不当行为的具体事实。
- **第二步**：强调不当行为对当事人成长和发展的负面影响。
- **第三步**：观察当事人的反应，给予当事人解释的空间。

- **第四步**：在获得共识的情况下，明确提出具体的要求。
- **第五步**：获得当事人的承诺。
- **第六步**：持续不断地监督，直到行为改善。

警惕用比较掩盖期待

"别人家孩子"是很多父母对自己孩子的"期待"。有时孩子们凭借一生奋斗，也很难达到"别人家孩子"的成就。"别人家孩子"可能成为一个人一辈子的"假想敌"。

我们好像习惯了用比较来表达期待，而从不满足于自己当下拥有的。一个爱"挑毛病"的老婆，会说别人家的老公怎么好，说你这点那点做得都不对；一个"爱比较"的领导会说，你看别人都可以做到，怎么你就做不到。我们的心里，于是也多了一个爱比较的"法官"，不断地对自己不满意，觉得自己不够好。

- 收回不切实际的期待，回归真实的自己。
- 不要通过他人（特别是孩子），来满足自己未实现的愿望。
- 打破自己的"自恋"，接受不完美的自己。
- 在自己的沟通中，警惕和"比较"相关的字眼，改变比较的习惯。
- 学会给自己的每一点小小的进步鼓励，不急于求成。

警惕用担忧转嫁焦虑

家长们特别容易担忧，很多人都会看着孩子从小愁到大。孩子生下来愁奶粉，孩子上学了愁成绩、名次，好不容易孩子上了大学，又开始愁工作、愁恋爱；孩子终于结婚了，就开始愁何时抱孙子。

儿行千里母担忧，让我们误认为这个担忧就是爱。更让人无奈的是，父母要将这种担忧时刻念叨在嘴边。表面上看，念叨是孩子做得不够好，不够让人放心，实则是为了化解父母内心无法消化的焦虑。

担忧，反而传递了焦虑，成了"束缚"他人的"魔咒"。

✓ 区分"担忧"究竟是谁的需要

在中国，有一种冷，叫"你妈觉得你冷"。于是，老母亲会一直担心你冻坏了，不断地提醒你穿秋裤。然而，到底是孩子真的需要解决这个问题，还是你需要让孩子穿上秋裤，从而缓解你的焦虑？这件事，需要分清楚。

✓ 不要害怕孩子走弯路

幸福力专家海蓝博士发过这样一条微博，读后令人颇有感触。

父母们常说："因为我们是过来人，走过的弯路不想让你再走，遇上的陷阱不想让你再跳。"时代在变，你所遇到的弯路，也许是孩子的正途，你所遇到的陷阱也许现在根本不存在。即便你想避免的，的确是弯路、是陷阱，也须让孩子学会识别和应对，能力是在体验和挣扎中获得的。挫折是人生经验的来源，痛苦是心灵成长的材料。

✓ 能做什么，比担心更有用

很多把担心总挂在嘴边的父母，往往是在现实里缺乏力量的。缺乏力量的表现就是"只说不做"。如果你担心，你就做点什么。如果担心女儿因为不会做家务而嫁不出去，那你就应立刻开始培养女儿做家务的能力，或者帮助女儿多找几个不求妻子做家务的"乘龙快婿"。一边担心女儿不会干活嫁不出去，一边还把所有的家务活都干得"片甲不留"。内心焦虑的人，总会特别糊涂。

警惕用付出实施索要

在情感关系里，很多人特别爱上演"苦情戏"和"苦肉计"。为了让孩子听话，总是诉说自己的辛苦和不易，让孩子因为内疚感而做父母要求做的事。为了阻止另一半离去，表现得非常可怜，让另一半于心不忍。用"受害者"模式的质问与控诉引出对方的负罪感，"你难道不知道这对我有多大的伤害吗？""你知道我做了多少牺牲吗？"还有时，让自己变得非常卑微，表现得战战兢兢、如履薄冰，取悦，迎合，实施"软控制"。

✔ 明确彼此的界限

沟通中，进退的尺度，即是我们对"界限"把握的尺度。退一步，会觉得忽略了自己的感受；进一步，便强加了自己的意志。在很多亲子关系里，界限不是很清晰。母亲觉得孩子是自己的全部，孩子觉得母亲就应该伺候自己，这样过于紧密的连接，时常会让双方感觉靠得太近，透不过气。

✔ 需要和索要就是一线之隔

孩子没有成家，和父母一起生活，并无不妥。工作辛苦，父母帮着做点饭吃，也属正常。可是，放下筷子就走，只吃饭，不干家务，这就是对父母索取过度了。父母爱自己的孩子，想要孩子多一些关心、多一些陪伴，属于正常的需要。但如果需要孩子事事都来汇报，把自己的生活、交友都交代一番，这也属过界了。过了界的需要，就会变成"索要"。

✔ 付出和控制就在一念之间

很多喜欢付出的人不知道为什么自己做了那么多，人家却不领情，甚至有时候还很愤怒。因为，你的付出里，实在有太多对别人的控制和期待。你通过付出，想要交换的，并不是别人愿意给的。一个"包办"了孩子所有生活的母亲，就好像偷窃了孩子自己的人生。一念之间，爱就变成了控制。

警惕用溺爱满足补偿

　　时代在进步，生活水平提高了。很多家长变得非常相信"无条件的爱""孩子要富养"。管教少了，取而代之的是"溺爱"和"无条件"的平等。

　　对于独生子，家里几个大人前呼后拥地关照着，衣来伸手，饭来张口。一些家长倡导所谓的"新式"教育，尊重孩子的独立，什么事都不讲规矩，带着孩子一起翘课，鼓励孩子和老师"叫板"。有的老人，事无巨细地照顾孩子。总怕孩子吃苦、吃不饱，总认为孩子还小，孩子长大后自然会自己做了。这样的溺爱和无条件的"尊重"，都是一种补偿的心理。家长们为了补偿自己儿时没有得到满足的温饱和尊重、权利和自由，便过度地宠爱和纵容自己的孩子，这种畸形的养育其实是为了实现自己的满足感。而孩子一定会为此付出成长的代价。

　　判断自己是否溺爱孩子，或者是在补偿自己，可以尝试思考如下问题。

- 你为孩子做的事，符合大多数家庭的情况吗？
- 同样的事，那些生活条件和你差不多的家庭是怎么做的？
- 你是否对孩子存在超越自己实力的投资？
- 当你拒绝孩子的时候，你是否会内疚？
- 你确定那些优秀的孩子，都是采用了你所理解的教育方式培养出来的吗？

最后，请你反思，你的孩子是否对你心存感恩。

感恩，是用成熟的爱浇灌出来的心灵之花。

◾ 亲子沟通刻意练习任务书 ◾

询问孩子，自己的哪些养育方式是让他觉得有压力、难过甚至会受伤的。你可以根据孩子的年龄尝试使用不同的问题。

爸爸（妈妈）过去的哪种沟通方式是让你不开心的？

_____

_____

你认为爸爸（妈妈）过去哪件事做得不够好，为什么？

_____

_____

你喜欢爸爸（妈妈）用什么样的方式跟你沟通？

_____

_____

第4篇
化解冲突

酒逢知己千杯少，话不投机半句多。

如何把不开心的话说到开心？

沟通中有了情绪怎么办？

攻略 22

调整情绪坐标：让情绪为我所用

> 高情商的人在沟通时，不是没有情绪，也不是在控制情绪，而是把每种情绪的能量都作为资源，因势利导，为我所用。

关注感受，小情绪大影响

科学家研究了大脑杏仁核被切除的患者，发现他们能够分析思考，只是丧失了决策的能力，而杏仁核是人储存情感体验的器官。这说明人的决策是需要有情绪参与的。理性的人，决策时并非没有情感，而是其更好地处理了情感，或者压抑了情感。完全抛开情感的喜好去做决定是不可能的。反社会人格者，正是因为完全冷漠，才导致了自己失去有效的决策力，让自己的行为失控。在沟通中，如果我们受到情绪的干扰，情绪过多或者情绪不足，都会影响我们的决策和判断，从而使沟通受到影响。

　　情绪作为脑内的检测系统，对其他思维活动也具有引导协调的作用。当我们情绪积极的时候，思维开放，容易看到事物美好的一面，愿意接纳事物。一个人愉悦的时候，人也会变得更容易沟通。

　　而消极情绪会使个体感到悲观、失望，接纳程度下降，人会变得挑剔，攻击性增强。抑郁症患者，就是典型的消极情绪占了主导，因而对生活悲观失望，缺乏行动力。人在消极情绪下，也会变得非常难以沟通。

调整坐标，沟通事半功倍

　　心理学家总结出了"情绪与能量象限"（如图 22-1 所示）。这个工具能帮助我们清晰地看到情绪对于我们的沟通行为的影响。

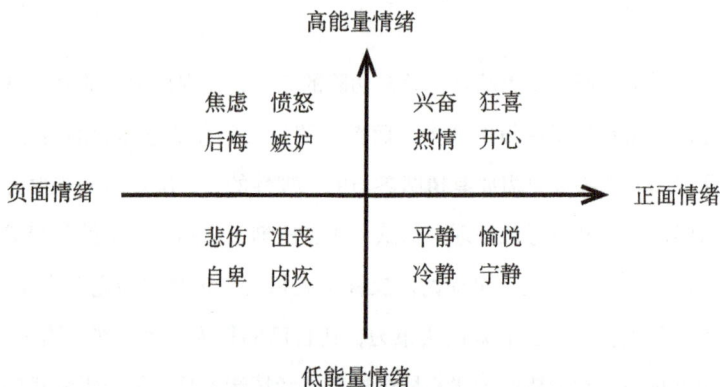

高能量情绪

```
焦虑  愤怒        兴奋  狂喜
后悔  嫉妒        热情  开心
```

负面情绪 ←———————————→ 正面情绪

```
悲伤  沮丧        平静  愉悦
自卑  内疚        冷静  宁静
```

低能量情绪

图 22-1　情绪与能量象限

对不同情绪状态下的沟通对象，我们应充分考虑对方的情绪状态，采用不同的沟通策略。只要我们找对"情绪"的按钮，就能让沟通事半功倍。

横轴：情绪的愉悦程度，是指我们是否开心、是否舒服。令我们舒服的感受包括爱、喜悦、兴奋、平和、欣喜、好奇等。

纵轴：情绪的唤醒程度，是指我们的情绪能量的大小。通俗地说，就是精神足不足，精力是否旺盛。有一些情绪需要很大的能量去支持，比如兴奋、愤怒。而另一些情绪却不太需要消耗太多的能量，比如淡淡的忧伤、平静。

情绪与能量象限不仅向我们呈现了不同状态下人的情绪坐标，还为我们推测出在不同的情绪状态下，人会呈现出的不同的思维和行动的状态。情绪是行为背后的"操盘手"。

➢ 情绪唤醒程度高、愉悦程度高的时候，称之为"活跃象限"。

- 人的情绪呈现：兴奋、激动、欢喜、欣喜若狂。
- 人的行为表现：热情、激动、活跃、有创造力、有感染力、有行动力。
- 人的沟通表现：积极开放、有感染力、从众、容易说大话、过分承诺，也容易被"忽悠"。

➢ 情绪唤醒程度高、愉悦程度低的时候，称之为"进攻象限"。

- 人的情绪呈现：愤怒、狂躁、宣泄、奋进、焦虑。
- 人的行为表现：攻击性高、压力下的进取、"你死我活"的获胜愿望、容易爆发负面情绪。

- 人的沟通表现：语言有攻击性，偏激，坚持自己的观点，强势。

➤ 情绪唤醒程度低、愉悦程度低的时候，称之为"审视象限"。

- 人的情绪呈现：忧虑、忧伤、抑郁、疲惫的感受。
- 人的行为表现：挑错、担忧、不认同、排查问题、行动力不足。
- 人的沟通表现：不热情、不配合、挑剔、抱怨、发牢骚、担心。

➤ 情绪唤醒程度低、愉悦程度高的时候，称之为"理性象限"。

- 人的情绪呈现：平和、愉悦、淡定、喜悦。
- 人的行为表现：平静、接纳、认同、情绪比较稳定。
- 人的沟通表现：积极乐观、理性平和、倾听、反思、感悟，乐于听取意见，能够表达己见，努力争取双赢。

以色列著名心理学家鲁文·巴昂（Reuven Baron）博士说过："让情绪为我所用。"这句话讲出了情商的核心。并非只有愉悦的情绪状态才是有价值的，所有的情绪状态都可以作为一种积极的资源，为我们所用。

- 在活跃象限下，人的头脑灵活，很多积极的创意都来自这样的情绪状态。一场魅力四射的演讲会推动人的情绪高涨。一群"高兴"的人会加强彼此之间的认同。这些都对沟通有促进作用。

- 在进攻象限下，人会变得坚韧而有进取心，适度的压力也可以让我们提高效率。所谓的同仇敌忾，也是一种进攻能量的转化，让我们变得团结而忘记恐惧。化悲痛为力量，也是典型的对进攻象限的使用。

- 在审视象限下，人们严谨而蹈矩。重大决策前的适度焦虑会让我们集中注意力，发现更多的风险，从而做出更周全的决策。审视象限下的沟通也可以让我们从盲目乐观中冷静下来。

- 在理性象限下，人们的专注力会提升，注意力会集中，变得平和、放松、积极开放而充满智慧。这是多数时候最理想的沟通状态。

对症下药，心对了事才能成

◎ 进攻象限：点火就着的定时炸弹

由于航班延误，导致 37 名乘客拒绝登机，执意要求赔偿。乘客们的情绪都非常激动，他们高声质疑，拒绝登机。

这时，一名地面工作人员竟然用下跪的方式请求乘客登机。

不料乘客对此沟通方式非常"不买账"，一位女乘客一直尖利地喊着"没用"，越喊越激动；很多乘客甚至一起喊起来，使局面更难以控制。而这位"下跪哥"也是越跪越激动，任凭同事怎么拉他，也不站起来。

下跪道歉，为什么没有用？

航班延误，乘客内心充满了压迫和焦虑感，这种情绪无处发泄，随着时间的推移会让人变得更加苛刻，甚至暴怒。

此时，他们最需要的就是先"冷静"下来。他们需要被倾听，甚至被"晾一晾"；或者转移注意力，到处走一走。只有先把"不讨说法，誓不罢休"的劲头转化掉，服务人员才好与其继续沟通。

而此时的服务人员面无表情地站成一排，表面上看是向客户致歉，传达的情绪却是："我们也郁闷，延误又不是我们的错，又让我们来收拾烂摊子。"这种不是发自内心的"关心"的服务，无疑只能更加激化矛盾。"下跪"则更是不妥，近乎失态，反倒更像是一种无声的控诉，除了激化矛盾之外，别无他用。

沟通中，我们如果用一种负面的情绪能量去化解另一种负面的情绪能量，不仅无用，而且会成为点燃炸药的催化剂。

✓ 攻击情绪，先降温再转化

以毒攻毒、以暴制暴、"杀敌一千，自损八百"的沟通"气势"，可能只是人们"无计可施"时的"无奈之举"，副作用很大。对于"攻击"的情绪，最重要的应对方式是先降温。

同样是航班延误，有些机场找到了给情绪降温的办法。它们给自己定下的解决问题的核心原则就是"让乘客急不起来"。

正所谓"抬手不打笑脸人"，30多位"红马甲"服务人员推着流动服务车，穿梭于乘客中间，答疑解惑，端茶送水，免费发放午餐。为了转移乘客的注意力，机场也花了心思，不但及时将航站楼内的电视广告调整为影片和电视节目，而且分发、放置了多份报纸、杂志，以供旅客观看阅读。一些情绪特别激动的乘客，会被工作人员带离人群处理。小孩子的哭闹也得到了特别的关注。等乘客平复了情绪后，服务人员就好与其沟通了。

◎ 审视象限：先高兴起来再说

新毕业的出纳小姑娘，哭哭啼啼地跑到老会计那里诉苦。

"怎么每次找老板报销，老板都要挑刺？没超支，也说费用多了，就是不给签字。买的东西，都货比三家了啊，他仍嫌贵，非要退货。说好了要付款的，他又反悔，非让我去沟通。怎么能这样呢！"

老会计先招呼小姑娘坐下，让她喝点水、透透气。然后问："你都什么时候去的啊？"

"等他开完会啊，平时都找不到他。或者他刚上班啊，早签字，我早做账、早点完事啊。"

老会计笑了，又继续问："那么你有没有观察老板的心情怎么样啊？"

小姑娘一脸茫然："签字还要看老板心情什么样吗？"

老板刚开完各种绩效会，业绩压力大，管理压力大，散会就被抓住问报销的事，或者一大早就被拉住说"花钱"的事，难怪出纳要"碰钉子"了。

✓ 消极情绪，不要迎难而上

处于审视象限的沟通对象，也比较难沟通。一方面，沟通对象的情绪不容易被观察出来，容易被忽略；另一方面，这些低迷的负面情绪特别影响沟通对象的心情，导致我们与其沟通时怎么说都难以被认同。

遇到沟通对象的情绪在审视象限，发现其有各种挑剔、低迷、烦躁、郁闷的情绪时，千万不要强行沟通。否则，情绪被"激"到进攻象限中，沟通更难以进行。当一个孩子正在为失去了一次比赛的冠军而沮丧时，当你的爱人无端挨了上司的"批评"后走进家门时，当你的上司刚为业绩不理想发完火时，你恐怕就要先衡量一下是否等他们平静下来后再继续探讨问题。

选对时机、注意方式，对情绪处于"审视象限"的人特别重要。实在需要当下处理，也要先缓和气氛。要语气和缓，表情温暖，理解一下对方的处境和心情。或者采取一些非面对面的沟通方式：发个短信，写个邮件。沟通要的是结果，绕过那些纠结的情绪，才能把事办成。

◎ 活跃象限：乐极容易生悲

我们都知道范进中举的故事，讲的是连考试盘缠都没有的范进中了举人，高兴得不行，又哭又笑、又跑又闹地发了疯。最后治好他的还是他最害怕的老丈人，一个巴掌，把他打回了原形。人生失意莫放弃，人生得意莫忘形。太得意的时候，也不妨"吓唬吓唬"自己，给自己提个醒。

✓ 兴奋情绪，先晾晾再说

当我们的情绪处于典型的活跃象限中时，我们会充满了憧憬、热情，干劲十足。这种热情，实在难得，却也需要警醒，过于激动可能会让我们丧失理性。太兴奋的时候，人们往往会盲目乐观，容易冲动。所以，"活跃"的时候，还须"冷一冷"再做决定。

◎ 理性象限：心对了，事就成了

在理性象限的时候，我们会：

- 心平气和，虚怀若谷；
- 睿智宽容，开放亦稳重；
- 肢体语言是开放的，身体也很放松；
- 人们变得愿意倾听，而不是滔滔不绝；
- 对待对方的态度，温暖而认同。

✓ 修炼个性，学会驾驭情绪

美国心脏病学专家弗里德曼（M. Friedman）和罗森曼（R. H. Roseman）在研究中发现，充满竞争性性格的人会高效地工作，高标准地要求自己，长期生活在紧张的节奏之中（进攻状态）。这其实会引发焦虑状态，极易导致心血管病。他们把这些人定义为 A

型人格。"经常想到有许多事情要做，却没有时间去做""经常认为一定要达成目标，事事都非常关键"——这种急迫、紧张、忧虑直至心力交瘁的情绪状态与个性密切相关。

而另外一种被称为 C 型人格的人，他们往往会强烈地压抑感情，特别是会压抑愤怒，这会导致其自身内在的生理机制承受很大的负面能量的攻击。他们会时常陷入无望和悲观的情绪感受（审视状态），疾病随之而来。

修炼个性、保持身体的健康，才会让人有平静而饱满的情绪状态，充满正能量。此时人们能自如地转化各种情绪，让情绪真正地成为资源，为我所用。

■ 情绪转化刻意练习任务书 ■

请你根据日常的观察和实践，为自己总结与整理以下沟通方法。

谈话中哪些行为可以提升正面能量	
谈话中哪些行为可以降低负面能量	
谈话中哪些行为会降低正面能量	
谈话中哪些行为会提升负面能量	

攻略 *23*

说"不"心理战：把不开心的话说到开心

没法说"不"，就没法说"是"。

"不"在心里，有口难开

我们总会为自己难以拒绝别人找出一堆理由：

- 怕别人难受，太伤人了；
- 以和为贵，别产生冲突；
- 忍一时风平浪静，退一步海阔天空，这是有素质的表现。

可是，不说"不"，最后可能会更伤人伤心伤感情。怕冲突，未必就能躲过冲突。做一个有素质的人，难道就意味着放弃自己的立场吗？

其实，不能说"不"，我们也有一些不为人知的"内心戏"。

◎ 低估别人的承受能力

不能说"不"，往往是因为我们的自我力量不足，或者低估了他人对"不"的承受力。觉得他人承受不了，其实是自己承受不了别人承受不了时的那种"无辜"的眼神。一想到"伤害"别人，就有一种深深的负罪感。这种情况在比较亲近的情感关系中特别容易出现。很多时候，因为太顾及别人的感受，我们会一味地迁就、牺牲和退让，实质上却会造成对方"无法为自己负责"，也会让自己被一些别有用心的人实施"道德绑架"。

◎ 消极地评估环境

有些人担心，由于自己的拒绝，会影响整体工作的开展，或者会给整体带来一些不可挽回的损失。其实，这不仅是消极地判断了环境、低估了集体的智慧，有时候也会让自己由于承担了力所不及的任务，反而影响了进度。把自己内心的压力感受有效地表达出来，说出有风险、无法达成的情况和不能接受的部分，这并不是止步不前，有时候这反而是努力朝着正确的方向推进。只有这样，才能出现更合适的解决方案。

◎ 把自己的命运拱手让人

有些不敢说"不"的人，内心有这样的声音：

"我拒绝领导了，被报复、被惩罚怎么办？"
"我提出不加班了，丢了工作怎么办？"

"我跟他说'这个不能操作'，下次他就不支持我的工作了怎么办？"

"我跟客户说'不行'，客户会不会投诉我？"

其实，不是不敢说"不"，怕自己遭受损失和"伤害"才是真的。而当你仔细研究，你会发现，这种损失和伤害的背后有这样一个逻辑："只要我不听话，我就会有损失，我就会被伤害。"于是，你只能"听话"地把命运拱手让人。一个愿意为自己承担责任的人，一定也能勇敢地说出自己的拒绝；得失、取舍、责任、原则，都有自己的考量。他能听自己内心的话，也能承担自己选择的后果，自然也就不会为说"不"而左右为难。

◉ 害怕冲突，无法坚持自己的立场

无论是商业的合作、日常的工作，还是生活的琐事，只要涉及人和人要"一起"去做一件事，就避免不了协商。只要有协商，就会有进退，就会有发生冲突的可能。害怕冲突的人，往往无法坚持自己的立场。害怕冲突有很多内在的原因：怕破坏关系，怕自己失败，怕事情干不成。于是，多一事不如少一事。也有些人是因为自己在过去的家庭和生活里，对"冲突"的关系有太多负面的记忆，因而会本能地回避。其实关系里的"冲突"是一个常态。因为我们没有找到好的处理冲突的方法，才会让自己在冲突面前进退维谷。

◉ 没有要求，没有说"不"的习惯

还有一些人，有着超级"辣妈"或强势"狼爸"，基本上说"不"就从来没有成功过。时间长了，他们对此也就无所谓了，习惯了。有些人把自己"没有要求"也当作一种人生境界了。既然对什么都没有"要求"，自然也不会拒绝什么。就算偶尔真想表达反对意见，发现自己也不知如何表达。慢慢地，他们也就真不知道自己到底需要什么、原则是什么、底线是什么了。

看到这里，你有没有发现，说"不"不是世界末日。相反，不会说"不"却是自己人生的一大"损失"。不把自己的这些心结解开，还真没法开口把这个"不"勇敢地说出来。你需要在自己的底线和他人的尊严之间，勇敢地表达自己的坚持。

把不开心的话，说开心

你需要知道一个简单的道理：别人对于你拒绝的事，并不是在理智上接受不了，而是在情绪上接受不了。所以，你若能够化解对方的抵触情绪，把不开心的话说到开心，也就找到了说"不"的关键。

◉ "失望"的情绪，鼓励地说

有些事情本来就应该对方自己去承担。你帮助他们承担，他们便永远无法成长，永远依赖。这时候，面对他们期待的眼神、失望的神情，你需要鼓励地说"不"。

✔ 不抛弃，不放弃

不要说："这点事情你怎么都做不好？""我再也不想管你了。"恨铁不成钢对于自信心匮乏、承受能力弱的人来说，往往会适得其反。温暖的鼓励适用于绝大多数人的情况。

✔ 给出你的信任

告诉他："你没问题。"这会让他变得有力起来。你可以提供证据、摆出事实，让他明白这件事情他一定可以自己完成。你还可以给他一些建议，让他对完成工作更有信心。你也可以帮他做一些支持性的工作，让他更有信心开始。

✔ 温柔地坚持

底线是坚定的，态度是温柔的。

◉ "愤怒"情绪，等等再说

有些人的性格是"一定要按照我说的做"。一旦有人不按照他们的意思办，他们就会非常愤怒。他们可能是你的同事、伙伴，甚至是领导、长辈、父母。对于此类人士，跟他们"对着干"只能让他们的情绪升级。面对这些强势的要求，你可以这样做。

✓ 先晾一晾

心理学研究表明，情绪的爆发，就如暴风雨来临一般，激烈但不会长久。如果一个人在气头上，你不"拱火"，一般很快就会自动平息。性格强势的人，也往往会"气势"有余而"耐力"不足。所以，你一定要学会"晾一晾"。晾着不是冷漠地置之不理、消失不见，而是带着尊重，做一个"安静"的人。

✓ 不翻旧账

情绪风暴过去了，你就可以开始解决问题了。千万别翻旧账，也别提"刚才你说了……让我不开心"，就假装什么都没发生过，直接说事。说"不"，不是置之不理，同样要推动事情的发展。你可以坦诚地表达你拒绝的原因和现实情况，也可以给出可供大家一起商量的解决方案。你要把一个刚刚还特别"鲁莽"的人，当作一个特别有"涵养"的人去对待。让你的拒绝不含敌意，让你的平静自带力量。

◉ "对立"的情绪，认同地说

在工作中，跨部门、竞争对手之间，由于分工和利益的问题，会存在天然的"对抗"成分。当"对立"的情绪出现时，你要认同地说"不"。

✓ 从一致的问题开始

美国伦斯勒理工学院开展的一项实验表明：不当的"指责"对职业人际关系危害极大，是工作冲突的主要原因，其危害甚至已超过了猜疑、性格不合以及权力斗争。当我们需要表达反对意见的时候，如果以"你怎么能这样""你这样做不对"开头，会引发很多的对抗情绪。与人交谈时，要想让对方接受自己的观点，不要先讨论双方不一致的问题，而要先强调并反复强调双方存在一致的问题，别去贬损对方的观点。你要学会从"你的哪些方面我很认同""在这里我们是一致的"开始对话。

✓ 认真体会他人的立场

一位哲人说过："我们只有用放大镜来看自己的错误，用相反的方法去对待别人的错误，才能对自己和别人的错误有一个比较公正的评价。"这句话的意思是说，一般人都会觉得自己好，而别人是有问题的。所以，在说"不"之前，我们应该放下自己，先以客观的角度去评价与体会要拒绝的人和事是否有其道理，并且认真倾听对方的观点和感受，设身处地理解对方的立场。之后，再真诚地与之交换意见，找到双赢的可行方案。

◉ "爱面子"的情绪，婉转地说

美国心理学家里克·罗宾森（Rick Robinson）教授曾说过这样一段很有启示的话："人有时会很自然地改变自己的看法，但是如果有人当众说他错了，他会恼火，会更加固执己见，甚至会全心全意地去维护自己的看法。这不是因为那种看法本身多么珍贵，而是因为他的自尊心受到了威胁。"

对于那些很"爱面子"的人来说，我们一定要对其婉转地说"不"。

婉转地说"不"，意味着关注对方的"面子""情绪"和"自尊心"，同时也注意自己说话的语气和表情，注意时机、场合，要能给对方找个台阶下。在绝大多数不涉及原则性的问题面前，关注感受，远远比关注对错更能让我们把事情顺利地推向期待的结果。

◉ "兴头"的情绪，缓缓再说

新婚大喜，新郎想自己开着跑车去接新娘，帅气又拉风。没想到父母却极力反对。

"你才拿了几天驾照，技术不熟练，不能自己开！"

"婚车是租用的，你对车况不熟悉，不行！"

新郎被迎头浇了一盆冷水，憋了一肚子的气。大喜的事，却少了个大喜的心情。

在别人"兴头"上的时候，如果不是迫不得已，有些事可以缓缓再说。

从想开跑车到真开上了跑车，还差着执行。你完全可以先不置可否，等对方兴奋劲头过了，再一起探讨。

拒绝，不一定都要追求"立竿见影"，也可以"细水长流"。

◉ "侵犯"的情绪，直接说"不"

对于明显侵犯自己的权益、触碰自己底线和原则的事情，要敢于直接说"不"。

直接并不一定意味着"捶胸顿足""激情澎湃"，平和而坚定的表达、严肃的表情、坚定的肢体语言或者无声的"沉默"，都能有效地传递出拒绝的力量。

例外的情况是，对于一些侵犯事件，不适宜直接表达，例如网络攻击、校园霸凌、办公室欺凌……这时候我们要果断地求助领导、组织、官方、司法的力量，寻求有效的保护。

■ 设置界限刻意练习任务书 ■

选择一件非常令你困扰的不能说"不"的事，尝试用以下"界限刻度"进行标注。

0 1 2 3 4 5 6 7 8 9 10

完全妥协   完全拒绝

如果完全妥协为 0，完全拒绝为 10，那么请思考，分数 1 到 9 分别代表什么样的状态。请描述在不同得分状态下自己可能的表现。

_____

_____

攻略 *24*

价值观冲突法则：君子和而不同

改变别人的价值观，相当于同时要把其价值观背后的所有经历、记忆、体验统统推翻。你确定可以吗？你确定这对他而言是最好的选择吗？

某培训机构给 10 名第一天上班的新员工出了一道心理测试题，没想到却吓跑了所有的新员工。

题目是：每个人根据自己对其他 9 个人的感觉，在 10 分钟之内说出每个人至少 5 个缺点。

半小时后，员工们纠结地拿出了自己的作业。没想到，接下来还要彼此当面分享。他们不得不吞吞吐吐地说出对其他同事的评价。

"自我、不考虑别人的感受、有攻击性，冷漠、不会笑……"

……

面对这些评价，有的员工当场就受不了了，跑到洗手间大哭了一场。有的员工则当场拒绝给别人点评。不到中午，这批新员工有的不知去向，有的请假回家，有的干脆提出辞职。最后，10 名新员工全部离职。

第一天上班就这样不欢而散了。沟通失败的原因，就是因为新员工与这家机构的价值观差异太大了。出题的总经理认为，"批评与自我批评很重要""要知道自己的缺点才能进步"。总经理按照自己的价值标准，得出的结论是：现在的年轻人也太脆弱、太可惜了。

员工们虽然什么都没说，但是用实际行动表达了他们的价值观："工作是为了成就感""我应该获得足够的尊重和认可"。所以，他们按照自己的价值标准得出的结论是：这公司不能去，这样的老板有"病"。

◉ 人各有志，冷暖自知

价值观是人们内心判断事物的标准。好坏对错、美丑善恶、功用价值，这些尺度和判断影响着人的态度与行为，也时刻左右着沟通中的表达。

价值观是埋藏在我们无意识里的"行为准则""人生坐标"，一旦形成就很难改变。正因为有了它，人类才能分辨生活中的酸甜苦辣，才能懂得进退取舍。在沟通中，正是因为每个人不同的价值观，才使人们在处理同一件事时有着巨大的差异性，为生活平添了不少烦恼和冲突。因为，价值观就是一种"情绪化"的坚持，一旦双方不一致，便会"势不两立"，彼此都会"倍受煎熬"。

◎ 知己知彼，百战不殆

✓ 挑选心仪的词汇

美国著名心理学家、行为科学家罗基奇（M. Rokeach）于1973 年提出价值系统理论，他提出了两类价值系统。

- **终极性价值系统，**用以表示存在的理想化终极状态或结果，包含的内容有：平等、自由、幸福、享乐、自尊、智慧、成就感、家庭保障、内心平静、社会认同、成熟的爱、真正的友谊、灵魂得到拯救、舒适而振奋的生活、和平而美丽的世界。

- **工具性价值系统，**是我们要达到理想化终极状态所采用的行为方式，包含的内容有：诚实、独立、钟情、顺从、快活、整洁、勇敢、自控、仁慈、有抱负、有才能、有教养、有理智、有逻辑性、负责任、富于想象、心胸宽广、乐于助人。

你可以把这些词语逐一写在卡片上，打乱顺序，然后按照自己的心情进行挑选。然后，分别在终极性价值系统和工具性价值系统里挑选 3 至 5 个自己特别喜欢、特别有感觉，一看到就觉得"符合自己"的词。你也可以邀请身边的朋友来做这个小练习，看看他们的选择，分享一下彼此的感受。看看这些词语能够勾起你怎样的人生记忆，又是怎样影响你的工作和生活的。

✔ 回溯重大事件

重要的人生经历对于我们价值观的形成有着巨大影响。

找一个安静的环境，回溯自己的过去。找到三件你最有成就感的事情，再找到三件你最痛苦的事情，看看在这些经历里发生了什么。

在那些最有成就感的事件里，你的体验是什么？你产生成就感和幸福感的来源是什么？

在那些最痛苦的经历里，你的感受是什么？你获得的最重要的人生经验是什么？支持你走出困境的信念又是什么？

你可以把这些体验和感受，以关键词的形式一一写下。看看这些词语能够给你带来怎样的发现。

✔ 善用行为观察

一个人用什么、买什么、看什么书、交什么朋友、微博里说什么、关注什么、加什么好友，他如何做事、如何对待工作和上级——这些无不反映了其价值倾向。

航空公司的头等舱服务训练，为了提高服务的针对性，对头等舱的乘客进行了分类。"官"是指政界的乘客，他们在接受服务时比较看重"隐私界限"，他们的行为表现往往是低调沉稳，有随从人员，不太讲话。"商"，是指从商的乘客。他们在接受服务时，比较看重"物有所值""效率专业"。他们往往穿着整齐，来去匆匆，沟通时比较讲究结果。"星"，是指明星和公众人物，他们在接受服务时看重

"独特感受""个性品质"。他们行踪神秘，穿着个性，自己的沟通需求在很多时候要通过经纪人来完成。一个好的头等舱乘务员，在乘客走上飞机的时候，一打眼就会知道乘客的类型，从而调整自己服务的方式。从一开始的那一个微笑和问候，就已经大有不同。

✓ 捕捉情绪信号

在面对面的沟通中，你会发现，有些人对一些事情明显带有情绪。要么特别排斥，要么特别喜欢。情绪是一个非常明显的信号，让人产生"情绪"的事，往往和对方的价值观关系密切。

茶馆里，几个朋友说起了一则新闻。

有一对老夫妇，前后收养了十几个弃婴。在相关部门的资助下，老夫妇为这些孩子治病，供他们上学。老夫妇和十几个孩子，就挤在三间不大的屋子里，生活虽然拮据，却也其乐融融。

对于这件事，人们的情绪反应都不一样。有人特别不理解："这两口子真是给自己找事，不管自己孙子，找这些麻烦，不值得。"有人当场动容，一再询问这是哪里的事，想找到老人的联系方式，给老人寄钱、写信，愿意为这些孩子尽绵薄之力。也有人客观中立，认为相关机构应该把孩子们接回福利院，给其提供更好的教育生活环境，并愿意为孩子们提供相关的法律援助。

不同的"情绪"背后，都有着自己的价值标准。你可以从这些朋友的反应里，感受到他们最看重的东西，自然也就可以预测，他们未来对待类似事情的行为反应。

◉ 三重境界，突破沟通中的价值障碍

✓ 第一个境界：大路无边，各走一边

知道自己的价值取向，知道自己适合什么、不适合什么，我们便有了取舍的能力。我们会敏锐地知道，自己更容易亲近什么样的人，对于哪些人会本能地排斥。尽可能地和志同道合的人在一起，会让我们轻松而快乐，也会减少很多沟通的麻烦。

网络上流行一则互联网公司的招聘启事，列举了加入的几大理由：

- 老板靠谱，有情有义；
- 团队和谐，没有派系；
- 待遇厚道，不拿期权说事；
- 快速扩张中，坑多萝卜少，成长空间大。

这则招聘启事受到了很多人的推崇，在网络上竞相转载，不仅达到了招聘效果，还给企业打了广告。因为这些理由背后的价值观，很多人深刻地认同。

然而，如果你是一个追求稳定，不太希望工作节奏太快，而且你对人际关系是比较有耐受力和影响力的求职者，你就不必为之所动。因为到了这样的公司，恐怕每天的工作都会让你面临大量的价值观冲突问题，会大大提高你的沟通成本。

✓ 第二个境界：顺人而不失己

W教授要出一本情商著作，这本书有着严谨的逻辑结构、详尽的理论来源和案例、深刻的成因挖掘和思考，如教科书一般。关注科学的严谨性、溯本求源的知识讲解和对事实现象的深入剖析一直是教授追求的学术方向。然而，他却遭遇了图书编辑"无情"的挑战。编辑更关注实用、功效、读者的需求和反应，更多关注的是给予方法，而不是分析原因。

一开始他们互相据理力争，各执一词。经过N轮谈判、反复"痛苦"的尝试和权衡之后，W教授开始尝试使用轻松的语言、抓眼球的标题、更加通俗的故事、别出心裁的插画来贴近读者的阅读体验。同时，保留了对问题本质的分析，坚持给出的建议绝不是简单的"一招一式"或"五分钟成功"。

编辑看完书稿后，更加理解了教授的"苦心"，也对新的风格给予了肯定。

这时候，教授再听见编辑说"落地，一定要落地"时，已经不那么抵触了；编辑听教授强调"本质是什么"时，也没开始那么头疼了。因为，W教授找到了一条和谐共赢的表达之路，顺人而不失己，皆大欢喜。

✓ 第三个境界：君子和而不同

心理专家面带微笑，走进房间，对测试者说："我来做一项问卷调查，各位只要如实回答就可以。"问卷发下来，大家一看，只有两道题。

　　1. 他很爱她。她细细的瓜子脸，弯弯的蛾眉，肤色白皙，美丽动人。可是有一天，她不幸遇上了车祸，痊愈后，脸上留下几道长长的丑陋疤痕。你觉得，他会一如既往地爱她吗？

　　A. 他一定会

　　B. 他一定不会

　　C. 他可能会

　　2. 她很爱他。他是商界的精英，儒雅沉稳，敢打敢拼。忽然有一天，他破产了。你觉得，她还会像以前一样爱他吗？

　　A. 她一定会

　　B. 她一定不会

　　C. 她可能会

　　一会儿，问卷收上来，统计发现：第一题有 10% 的人选 A，10% 的人选 B，80% 的同学选 C；第二题，30% 的人选了 A，30% 的人选 B，40% 的人选 C。

　　"看来，美女毁容比男人破产，更让人不能容忍啊！"心理学家笑了，"做这两题时，潜意识里，你们是不是把他和她当成了恋人关系？"

　　"是啊。"大家答道。

　　"可是，题目本身并没有说他和她是恋人关系啊？"心理学似有深意地看着大家，"现在，我们来假设一下，如果第一题中的'他'是'她'的父亲，第二题中的'她'是'他'的母亲。让你把这两道题重新做一遍，你还会坚持原来的选择吗？"

追求财富、追求美貌，是我们的价值观；爱，也是我们的价值观。前者更像工具价值观，是我们的需要和标准，而后者更接近终极价值观。越是终极的价值，越能够产生包容。

拥有工具价值观的人，有着相似的行为标准。他们可以一起做事，然而，一旦遇到困难逆境（毁容、破产），不免大难临头各自飞。即使同享荣华，也难免心生嫌隙。而终级价值观能够一致的人，可以在更深入的层面达成连接，就如父母对儿女的爱，不会因世事变迁而改变。

一个拥有包容之心的人，能够和众多的人和谐共处，那一定是因为他有着坚定的终极价值，诸如爱、尊重、谦卑。于是，他发展出一种最难能可贵的"君子和而不同"的境界。拥有此境界的人，价值观早已不再是与他人沟通的障碍，而变成了走进别人内心世界的探索之路。

■——— 寻找价值观刻意练习任务书 ———■

请你在本章中提到的终极性价值系统和工具性价值系统里，挑选 3 ~ 5 个自己特别喜欢、特别有感觉，一看到就觉得"符合自己"的词。再找一个选择完全和你不一样的同学或同事或朋友，彼此分享一下各自的选择，原因是什么？有哪些重要的事件会影响自己的选择？尝试理解不一样的经历和价值观。

攻略 **25**

寻找第三条路：如何在冲突中实现双赢

在沟通中，我们总想说服别人，殊不知当你把自己放在"对"的位置上时，就等于把对方推向了"错"的位置。而真正的高手总是在想办法让对方感觉到，"自己是对的""自己又对了"。

转换视角，寻找第三条路

每日晚饭过后，家庭"吼作业"大戏就要拉开。母慈子孝的美好画面，瞬间变成"鸡飞狗跳"的"灾难现场"。最后孩子抹着眼泪，继续吭哧吭哧地胡写，家长也已经摸着心脏歪在沙发上生无可恋。稍不留神，这场余波还会升级为夫妻大战。"吼作业"已经成为当下亲子关系的第一大"杀手"。

很多时候，当我们反复陷入一个死循环，不断发生冲突的时候，就需要通过视角的转换，给解决问题寻找"你死我活"以外的

第三条出路。

✓ 老鼠的视角：局部放大

在你的眼里，盘子里的一大块奶酪是什么样的？在一只小老鼠的眼里，这一块大奶酪又会是什么样的？老鼠眼中的这一大块奶酪一定与你眼里的不同。奶酪凝乳的每一个细孔都清晰无比，每一点点细微的味道的差异都十分明显。在老鼠的眼睛里，这是一个"放大了"的奶酪。使用老鼠的视角，相当于把问题"放大"，你对这个问题会有更具体、更深入的研究。在吼作业的问题上，一个儿童教育专家的视角，就是老鼠的视角。她可以把儿童做作业和家长互动这个问题，解读得非常全面。她知道每个孩子、每个家庭应该如何因人而异地找到问题的解决之道。所以，当你"吼"到无力，不妨深入去了解下儿童心理发展、儿童教育、亲子互动等内容，或者请教专家，直接借用专家视角看看是否有解决方案。

✓ 放羊的视角，视野拓宽

想象现在你是草原上的一个放牧人。你手里拿着皮鞭，远远地望着你的羊群，视野十分开阔，每一只羊都尽收眼底，甚至远远跑开的那一只，也在你的掌握之中。放羊人的视角是一个看问题时"更宽阔"的视角，可以帮助我们找到意想不到的资源。你可以坐到沙发上，平复下心情，想象你的孩子、他的同学们，都是你的羊群，而草原上还有其他的生物，老师们、同事、亲朋好友……也许你突然就想到，隔壁同学家里每天都没什么动静，他们是怎么做到的？同事家女儿考上了重点中学，她是怎么处理作业问题的？我能不能给孩子安排一个课外辅导班……在视野拓宽后，解决问题的资源也会随之浮现。

✓ 直升机的视角，俯览全局

"吼作业"不是我们生活的全部。当你坐上直升机，盘旋于你的生活上空，你会发现很多家庭都在面临相似的焦虑。当你盘旋于你的整个生命线，过去、现在和未来，你会想到，这只是你人生中的一个阶段而已。俯览的视角可以帮助我们跳出问题，去思考更深刻的本质和意义。与其和你的孩子为了数学死磕，不如让他去学自己喜欢的历史吧。说不准，家里就会出一个历史学家呢？

转换思维，打破"非黑即白"

销售部准备筹备一个新产品计划。为保证抢占市场，希望新产品能在国庆节前上线，这样就可以去参加国庆期间的全国展销会，为明年争取市场订单。当销售部去跟技术部门协调时，技术部门却说，为了保证产品质量，他们必须完成相关的测试和必要的质量把控。这些都做完至少也要到 12 月底。

此时，如果是你去和技术部门沟通，你会怎么做？

A. 技术的问题，总会有办法解决的。但是市场的机会稍纵即逝，必须坚持 10 月 1 日前上线。再看其他问题怎么解决。

B. 技术部门主要是不理解市场的操作，不明白客户才是公司

　　的衣食父母，所以要尽可能地让他们能明白这其中的道理。

C. 测试不可缺少，只能另外再策划产品的推广计划，看看是
　　否有其他的市场推广机会和营销策略。

D. 技术是企业的产品命脉，没有质量就没有一切，只能向领
　　导汇报。

　　如果你选择了以上答案中的任何一条，你都是陷入了"非黑
即白"的陷阱。

　　当我们陷入"非黑即白"的陷阱时，我们要么坚持：

- "我必须坚持我的底线。"
- "我需要让他明白这个道理。"
- "我要让他知道我是对的。"
- "我要让他改变。"
- "我想让他按照我说的做。"

我们要么妥协：

- "他说这是规定，没法改变。"
- "他的确有难处。"
- "他是对的，我只能听他的。"
- "他想改变我，否则关系就破裂。"
- "他很强势，不这么做不行。"

　　"非黑即白"是一个思维的困局，会让我们的行动也走向极

端。我们可以尝试用以下方式，给思维松绑。

公式一：寻找例外

因为 A，所以 B；

A=B，那么 A=–B 的情境是……

产品销售 = 测试完成

那么，产品销售 = 测试没有完成，即没有完成测试，也销售了产品，会是什么情况呢？

有没有可能只完成部分重要功能的测试，其他功能等订单签订后，加快完成测试，也不耽误交付。或者只测试了某两款重要产品，并进行主推，其他的后续完成。或者……

看到更多的例外情况，有助于我们松绑自己固执的结论。

公式二：乾坤颠倒

因为 B，所以 A；

那么，–A，因为……

测试完成，所以产品销售；

那么，测试完成，产品没有销售成功，是因为……

即使测试完成，产品也不一定会销售成功，那么除了测试，还有什么会导致产品销售不成功呢？

展销会的客户需求情况、竞争对手的情况、产品的价格……

看到更多的可能性，可以让我们不必固执于为某一个因素较真。

公式三：相信兼得

有 A，就一定没有 B；

既 A 又 B，如何做……

12 月底才能完成测试，产品销售则必须在国庆期间的展销会上。

有时候我们陷入"非黑即白""非此即彼"是因为不敢相信，鱼和熊掌可以兼得。如果我们敢相信，你就会真想出很多办法。例如，协调资源，增加人手，改进测试的工序和技术。销售部做好宣传材料和产品的 DEMO 版本，向客户推出定制化的产品计划。根据客户签订订单的情况，再进行设计和相关测试。

"订单"和"质量"能够两全其美。

分而治之，差异性地对待冲突

1. 利益的冲突

有些冲突是由于冲突双方的根本利益和立场的不同造成的。在组织中，典型的跨部门冲突就是如此。

装修公司的设计部向总经理投诉销售部，说销售部管理不好客户的需求，导致客户的装修设计需求，来回反复修改，浪费了大量的时间和资源，还导致客户觉得公司不够专业。销售部也开始投诉设计部，认为他们不能以客户利益为先，销售部的人员都是 24 小时开机，设计部却不愿意加班。客户改了几次，设计部对此态度冷淡，影响了客户订单成交的进度。

★ 公开问题，共同协商

利益的问题，回避只会导致拖延和恶化。最好的方式是公开协商。大家利用双方都认同的形式，例如，公司会议，正式讨论这个问题，并邀请相关部门的人员参加。

★ 规则细化，内容明确

大家需要协商的是一个具体的"规则"，以明确那些彼此在工作中"无法可依"的灰色地点。制定双方都能够认可的"游戏规则"。例如，什么样的修改是必需的，需要与客户提前确认清楚的细节是什么。

★ 结果导向，注重共赢

规则的讨论，容易陷入无边无际的细节之战和双方的权力之争。为保证公平和效率，需要有第三方或者领导加入，以保证结果导向，去寻求问题的最终解决。

2. 认知的冲突

关于子女的教育问题，也是夫妻间经常发生的家庭冲突。A 先生和 C 太太因为到底送孩子上公立学校还是私立学校的问题争执不下。这个问题是有关对待一件事情的"理解""看法"和"选择"的问题，属于认知的冲突。如果你是一个家庭调解员或婚姻家庭治疗师，你可以尝试用以下的方法解决问题。

★ 有效澄清

澄清理解：有时候，我们说的是一件事，却用的不是一个词。例如，有一种食物，在北京叫"馄饨"，在四川就叫"抄手"。还有时候，我们用的是一个词，却表达的不是一件事。例如，在微信里，微笑的表情，"70后"认为是"微笑"，"90后"认为是"呵呵"；再见的表情，"70后"认为是"再见"，"90后"认为是"再也不见"。所以，我们经常需要澄清，冲突中的关键词，双方都是如何理解的。私立学校，包括哪些？怎么定义？夫妻双方是否"理解"的是一件事。

澄清动机：A先生为什么坚持送孩子去公立学校？理由是什么？对私立学校的担心又是什么？同样，C太太为什么对私立学校情有独钟？她坚持什么，反对什么？这又是为什么？询问后，你可能会发现，先生其实关注的是老师的教学经验。因为他的母亲就是一名教师，他认为传统的教学方式是最科学有效的。C太太，其实看重的是对孩子自主性的培养。

★ 寻找交集

盯住差异导致我们总是无法停止争吵，看到交集我们才能放心前行。

让夫妻双方各自列出一份清单，分别一条条写出自己对于择校最看重的因素：

教师、教育资源、班主任、自主性培养、安全、离家距离、收费情况、操场、教学设备、装修、食堂……

圈出交集，增加了夫妻之间的有效连接，让他们发现他们各自坚持以外的更多可能性。

同时，也可以通过"有效澄清"，让丈夫具体讲述自己对传统教学方式的理解，让妻子寻求其中认可的部分，作为交集。

交集让共同协商的步伐坚实有力。

★ 建共识库

很多时候，我们不能够做出有效的决策，是因为我们没有了解到足够多的信息。所以，解决冲突，创造共识还要求我们要尽可能多的说出自己了解的相关"事实"。犹如盲人摸象中的"盲人们"，我们都应尽可能把自己摸到的"局部"清晰地描述出来，这样大家才能一起拼出一只相对完整的大象。

在共识库中，我们可以加入的事实如下。

- 对方未关注的领域：公立学校现在也很重视自主性培养的事实。
- 可能的利弊的分析：公立学校、私立学校更全面的利弊分析。
- 更长远的结果预期：选择学校对于小升初及未来高考的影响。
- 有价值的经历与经验：问问其他过来人的经验，了解他们的看法。

3. 深层冲突

美国波士顿地区的一个家庭治疗团体开展过一项颇有意义的实践，称为公共对话项目（Public Conversation Project）。处理的问题是一个非常棘手的，有关由堕胎问题引发的仇视和暴力冲突。

冲突的双方，有的因为宗教信仰而坚持不能堕胎，有的支持年轻的妈妈重新开始新的生活。人们都在各自的道德、权利立场上坚持，双方陷入关系紧张的局面，甚至出现谋杀和恐怖事件。

深层冲突有关我们的信仰、文化、生活方式，处理起来需要非常谨慎。专家们处理这类冲突时会经历三个阶段。

★ 建立信任

在一个普通的夜晚，专家邀请冲突双方的代表见面，为了避免见面就针锋相对，首先安排了双方共进晚餐，并要求在晚餐上，双方不能谈论有关堕胎的话题。大家只是轻松地分享一些共同感兴趣的话题，例如，工作、孩子、天气等。

★ 讲述故事

讨论正式开始时，主持人要求参与者不要讲述自己的所谓原则和立场。要求大家，讲讲各自的亲身经历。慢慢，很多人开始谈及自己曾经经历过的与堕胎有关的困境和痛苦，所有人都可以完整地聆听这些个人经历和成长故事。讲故事的结果是参与者不会被要求改变立场，但是他们对另一方有了更多的同情和理解。

★ 灰色地带

在情感充分交流之后，主持人鼓励参与者谈谈自己的"灰色地带"，即对自己所持立场的怀疑或不确定的部分。奇迹发生了，很多人开始谈论和对方相类似的观点。于是大家开始一起探索更多的可能性。例如，其中一种方式是，参与者们一致同意在危险逼近时，应警示他人存在怀孕的风险。激烈的冲突演变成了一个共同的行动。一部分当初相互对立的参与者，在之后数年中甚至一直保持着私下的交流。

◼ 突破两难困境刻意练习任务书 ◼

请找到一个让自己陷入非此即彼、"鱼和熊掌不可兼得"的两难困境，使用本章学习的三个公式，为思维解绑。

因为 A，所以 B；

A＝B，那么 A＝–B 的情境是 ＿＿＿＿＿＿＿＿＿＿

因为 B，所以 A；

那么，–A，因为 ＿＿＿＿＿＿＿＿＿＿＿＿

有 A，就一定没有 B；

既 A 又 B，如何做 ＿＿＿＿＿＿＿＿＿＿＿

攻略 *26*

沟通体验的望闻问切法：反思自己的说话方式

> 我们一直在为沟通苦恼，在寻找解决问题的方法，但我们很少去花心思研究和反思自己如何说话。

在多年的沟通训练中，我试图把"我们很少反思自己的说话方式"这个感性的经验，通过课堂调查来进行印证。每次课程开始前，我都让每位学员写下一个"自己最关心的沟通中遇到的困难"。

课堂的统计结果是：

- 如何才能说服别人？
- 如何跟自己意见不合的人交谈？
- 如何才能让别人接受我的建议？
- 跟固执的人怎么沟通？

- 为什么对方答应了，却没有做呢？

　　这一类的问题占了 53.6%。但细细问下去，会发现提出这些问题的人的一致"心结"是："怎么才能让别人听我的话。"这种让别人"听话"的沟通目的本身，是以自我为中心出发的，这必然会阻碍我们对自己"说话方式"的反思。我们会容易把沟通的问题简单地归结为，对方太固执，对方不配合。

　　第二类居多的问题是："非专业人士听不明白我说什么怎么办？""为什么别人不理解我？""上司没耐心听我的话怎么办？"与强势的人没法沟通等。这类问题占 27.5% 左右。这类问题显然都指向了对方无法收到我们想要的沟通结果。从大家的提问方式上可以看到，此时我们会习惯性地把原因放在"对方不专业""不具有领悟力""没有耐心""强势"上，而不是问"我该如何讲清楚""我要怎么说才能更好地让别人理解"。归因于外的倾向，也阻碍了我们对自己"说话方式"的反思。

　　还有 10% 的问题集中于沟通中的情绪控制。沟通中控制不住情绪怎么办？怎么在有情绪的时候沟通？这类问题已经转向了自我情绪的管理，但还只是看到情绪对自己的困扰，并没有延伸到，如何改变在情绪中我们惯用的说法方式上。调查中，只有 5% 左右的问题，明确地指向"自己"的"说话方式"。例如，"我说什么能和别人迅速地拉近距离？""为什么别人不感兴趣我说的话题？"我们只有在"关系"没法"建立"的时候，才会意识到我们该怎么说。而在现有的关系冲突里，几乎很少人去反思，自己的"说话方式"是不是出了问题。

望：观察他人的对话

高情商的人有个习惯，就是爱看别人聊天。观察他人是更好地了解自己的一面镜子，观察不同的人，如何说话，如何表达；怎样的表达会产生良好的沟通效果；怎样的表达会引起巨大的冲突。这些事在我们身边每日都在发生。身边的人是我们最好的学习沟通的老师。有时候，我们还会置身于"一群人的沟通"之中。一个饭局，一次聚会，工作中例行的会议。话题是如何被打开、传递、抛向高潮，又在哪里被打断，被什么样的方式所"挽救"。如何说话，能够得到众多人的认可，怎样的表达是被团体所排斥的。这些都是我们需要学习的内容。

体会别人是怎么对我们说的，也是重要的观察和反思。当我们低落时，什么样的表达会让我们瞬间满血复活。当我们开心时，什么样的鼓励会让我们受用。在我们家庭里，如何说大家会感觉到亲密，如何说是一次次"痛苦不堪"的罪魁祸首。

"朋友圈"的发言是另一种特别有意思的对话万花筒。从每个人为自己起的名字开始，都有无限对话的奥妙。每个人最爱发的话题是什么？他是如何表达的？在互动的评论里，谁特别爱给别人点赞？谁是光看不说的？怎样的消息最容易得到共鸣？什么样的内容会带来最广泛的转发？

闻：还原自己的语言

L总是一家热处理公司的大老板，管理着上千人的企业。他是一个典型的充满激情的企业家。说话快，办事快，讲究效率，也有些强势。最近血糖指标经常"报警"。他的高管教练建议他把速度慢下来，调整下工作节奏。但是对这个建议，L总似乎不太有兴趣，每日他都有忙不完的工作。这一日，教练征求了L总的同意后，对两个人的工作过程进行了谈话录音，并在谈话结束后，把录音拷给了L总。第二天，教练收到L总的一个信息："我竟然没发现，自己说话的速度这么快！我自己听着都难受！你说得对，要慢下来。"

每个人都具备识别如何谈话才会更好的能力。当你回听自己的谈话过程时，你一定能找到改进自己谈话的方向。我们可以使用手边最有效的一个谈话工具，就是微信。很多有回听自己语音习惯的人，都是特别注意自己沟通方式的人。当你准备给对方发一条重要的语音信息时，不妨先把要表达的内容发送给自己，收听、整理后再发送。相信谈话的水平一定会一次次提高。

心理咨询师有一个非常重要的工作就是对自己和来访者谈话内容的整理。这个内容的整理，是征求来访者同意后，对每一次对话录音的全程文字稿进行"复盘"。新手咨询师，都要通过这项最基础的训练。在整理文字稿的过程中，咨询师会发现，竟然有那么多谈话的内容和自己"想象""记忆""认为"的不一样。原来谈话中我们可能会错过一些重要的内容，原来我们在谈话后，认为我们听到的对方所谈论的，和对方真正所说的并不一致，甚至"大相径庭"。在谈话的某个地方，自己做出的回应似乎不太合适。对自己谈话完整的复盘，反复的训练，练就了咨询师的谈话技巧。

问：获得有效的反馈

每个人都有自己习惯的沟通方式，所以当你直接地指出，"你这样说不对""你那样说不好"的时候，一般很难让人接受。在沟通的冲突中，身在其中，我们也很难发现自己的问题。那么如何才会让我们获得一个有效的反馈？

一个有效的关于对话的反馈，包括三个因素：此情此景、信任关系、具体感受。

此情此景是发生了什么（最好是在沟通的当下），信任关系是指，反馈者和谈话者是相互信任、感觉彼此是安全的，具体感受是谈话者说了什么，哪句话让反馈者产生了什么样的感受。例如，刚才我们谈 ×× 问题的时候情景，你说："怎么又发生这个问题？"（具体事件）这句话就让我很有压力，这个"又"，就让我觉得，似乎我什么都干不好（具体感受）。

你可以通过询问，来得到对自己沟通方式的反馈。

"我的哪一句话，会让你不舒服？"

"我刚才的这个表达说清楚了吗？可以接受吗？"

"我看到你很生气，愿意跟我说说，哪里让你不能接受吗？"

你可以找信任的长辈、领导、亲近的同伴、家人征求反馈。也可以在沟通训练的课堂里，通过参与训练获得同伴的反馈。必要的时候，还可以请求专业人士的帮助，例如，教练、心理咨询师，从他们那里来获得反馈。

切：让内心的声音浮现

此处无声胜有声，我们要学会让对话在适当的时候"停下来"。这一段语言的"留白"，可以让我们内心的声音得以浮现。

✓ 留白，让"思考"飞一会儿

向客户介绍产品，对方不说话了，怎么办？担心冷场，"客户可别走了啊"，于是滔滔不绝地继续介绍，或者连珠炮似地继续追问："你到底怎么想的啊？"其实，沉默是思考，是在整理思路。这是需要等待和陪伴的。你可以微笑着陪客户一起看资料，或者去给客户添一杯水，总之，未必一定要使场面一直热着。在我们提问并给出建议以后，需要有留白，让别人思考一会儿。而在我们自己被问及重要的问题之前，也需要留白，在内心的声音得到确认后，再让自己开口，你的回答会显得更加确定和持重。

✓ 留白，让情绪平复一下

公司会议上，项目的进展出现问题了，同事们各执己见。你有没有发现，这个时候，越是沉不住气的就会越说越来劲。懂留白的人，会给自己时间，耐得住这个"对峙"的过程。生活中也是如此，越是焦虑的人，越会说个不停。

感觉到不安、生气、受到了质疑、和别人的观点不一致、面临冲突争执不下的时候，也都需要留白，让情绪平复，让内心的声音恢复理性。留白是一种润滑剂，能够使双方留有后路，进退自如。

✓ 不说，不说，一说便错

很多时候，语言会显得乏力而多余，例如，一个心有灵犀默默相伴的时刻，一个再多解释也是越描越黑的场合，一个还尚未成熟的观点，一个并非适宜的谈话时机。每到此时，不妨留白。

当你的心里有以下的"杂音"时，你的沟通会变得令人远离。

- **受害者的声音**："这不是我的错，我没有办法，为什么受伤的总是我？"
- **失败者的声音**："尝试是没有用的，我不可以，我不行，我试过了根本不可能！"
- **自我怀疑的声音**："这样可以吗？这样根本不行，不会成功的！"
- **匮乏的声音**："缺，缺，没了，不够，怎么也不够（钱、时间、健康）！"

- **躲藏的声音**："最好什么也别做，别动，最好别看见我，我不要参与。"
- **取悦的声音**："他会不会不开心啊，快看看我吧，他会喜欢吗？"

当你的心里有以下"杂音"时，你的语言必然夹枪带棒，你的行为必然充满防御的"进攻"，你自然也会引来众多的冒犯和对抗。

- **不公正的声音**："凭什么这样对我，这个世界就是不公平，没人守规矩！"
- **灾难化的声音**："太可怕了，一定会出事，这样就完了，这样可千万不行！"
- **比较的声音**："为什么他有？他有什么了不起，我比他好，他凭什么这样！"
- **批评的声音**："这是不对的，怎么能这样呢？这个不好，为什么不这么做呢？"
- **占有的声音**："这是我的，必须听我的，按我说的来，这个由我来决定！"

改变内心的声音，你一定能说出无比美妙、令人愉悦的语言。

- **追求美好的声音**："生命很美好，每个人都有善良的一面，我想去看看大自然。"
- **富足的声音**："我拥有我想要的一切，我对生活很满足，人生中有很多机遇和奇迹。"

- **希望的声音**："明天会比今天更好，一切都会越来越好，我对生活充满期待。"
- **幽默的声音**："别太严肃啦，这可真逗，没事偷着乐吧。"
- **乐观的声音**："所有的挑战都能帮助我成长，我会变得越来越强大。"
- **感恩的声音**："生命就是人生最大的福报，感谢天空、大地、父母养育了我，感谢朋友亲人陪伴我。"
- **宽恕的声音**："没有什么不能放下，我让自己获得自由。"

在国画中，白是空出来的，尽显无中生有的曼妙情境：山欲高，尽出则不高；千里江面，不必都画满了水，唯有留白，方可感受到无边无际的远。

在音乐中，留白是静静的休止，或是表达出欢快愉悦之跳跃，或是传达出难以承受的沉重。

在京剧中，舞台简单到了极致，一案一椅一空地，千军万马已走过。开门不见门，骑马不见马，给观众留下了无限遐想的空间。

语言的留白，让内心的声音一一上演。

■ 征求反馈刻意练习任务书 ■

请你找到最信任的长辈、领导或者朋友，获得对自己沟通方式的反馈。

攻略 27

语言整理窗：改变人生的语言自动导航系统

我们按照内心预设的"剧本"，在人生的舞台上，出演着自己的"角色"，重复着自己熟悉的"台词"。若你想改变命运，就该修改"剧本"，重塑"角色"，让"台词"翻新。

人生的自动导航

大N和小N是一对双胞胎姐妹。她们有一个"能干"又"强势"的母亲。在她们的记忆里，妈妈在家里最常说的话就是："快快快！""照我说的做。""这么简单都做不好？""不要骄傲，继续进步！"爸爸平时工作比较忙，很少管家里的事，在姐妹俩的印象里，爸爸的口头禅是："听妈妈的吧。"

姐妹两个人从小到大的学习成绩都不错，性格却差异很大。大N特别受不了妈妈的"强势"，她经常会对妈妈说："为什么？""我不想这样！""凭什么要这么做？"她没少反抗妈妈。小N在姐姐和妈妈的"激战"中，发现姐姐其实并没有争取到什么，虽然妈妈有时候也会让步，可是家庭事务的"生杀大权"还是掌握在妈妈手里，于是慢慢养成了"要忍耐"的性格。她总会说："随便吧！""我觉得都行。"对温顺的小N，妈妈也会抱怨："这个孩子什么都不愿意跟我讲，也不知道心里想什么。"妈妈知道，对于小N不愿意做的事，虽然她会口头答应，可是在行动上一定会有所保留，或者撒个谎想办法推掉。妈妈没办法，也只有睁一只眼闭一只眼地听之任之。

大N靠着自己"据理力争"的表达能力，保持着自己所认为的主动权。一路成为学校的"辩论冠军"。小N也凭着自己的"心口不一"暗中得到了自己期待的结果。她是同学口中的"老好人"。于是，这两种不同的"对话方式"，都在妈妈同样的"快快快""照我说的做"的对话情境下，保留了下来。姐妹俩各自取得了自己所期望的"效果"。而妈妈也觉得，自己"严格"的"对话方式"还不错，孩子们慢慢长大。

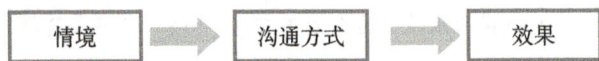

$$情境 \Rightarrow 沟通方式 \Rightarrow 效果$$

图 26-1　自动导航语言系统

我们如何说话，是一种从小在成长的环境里潜移默化习得的一种"习惯"。这种"习惯"，在大脑里慢慢地变成了一种稳定的、不易觉察的、"自动导航"的"对话方式"（如图 26-1 所示）。这些"说话的方式"就像你走路的姿势、面部的表情、惯性的思维一样，经年形成，下意识发生，很难觉察和改变。若把我们的"对话方式"比喻成人生的"台词"，而产生这个"对话方式"的内在心理过程，就是我们的"人生剧本"。我们按照预设的"剧本"，在人生的"舞台"上，出演着自己的"角色"，不断重复着自己熟悉的"台词"。

◉ 难改的"童子功"

"说话方式"是我们每个人从小为了应对关系练就的"童子功"。在这个功夫上，每个人都是自学成才，各有一套。一旦形成，很难改变。

一方面，我们很难察觉自己的问题。嘴上说着"照我说的做"的妈妈，面对大女儿的顶嘴，会认为这是女儿不听话；面对小女儿的"阳奉阴违"，会觉得这孩子的性格让人头疼。她很难看到自己语言里面的"控制"，才是让母女关系出现困难的原因。同样，大N会认为，妈妈太强势，只有说"凭什么""为什么"才能为自己争取自由。她很难反思自己语言里面和妈妈一样有着"控制感"和"攻击性"。小N则早就下了结论，"反正说了也没用"，所以在她的语言词典里，根本就查不出"如何表达自己愿望"的词句。当大N对妈妈大声喊着"凭什么""我不想这么做"的时候，其实，她内心的声音是："妈妈，你这样说话，这样要求，我不舒服。"可是她"不会说"。当小 N 对妈妈低着头说"随便"的时候。其实她想说出的是："妈妈，我的需要是这样的。"可是她"不敢说"。

另一方面，我们也很难获得有效的反馈。小 N 很难告诉大 N："姐姐，你那样和妈妈硬拼是没用的。"因为姐姐和妈妈一样"凶"，而且她不愿意姐姐知道自己"暗度陈仓"的秘密。更何况她认为，姐姐和妈妈一样，根本不会听她讲话。而大 N 也同样很难反馈给妹妹说："你要努力表达自己的主张。"这对于她来说，简直"无从说起"。因为她也和妈妈一样，搞不懂妹妹究竟在想什么。更重要的是，大 N 也未必知道到底什么叫"自己的主张"。她只会下意识地喊出"凭什么""我不要什么"。但是，很多时候，她也很难清楚地说出"我要什么"。

一家人之间的沟通，都如此不容易。在社会关系中，基于合作和利益的考虑，人们则更难彼此反馈说话方式的问题。当有人对你的说话方式不满意，他多半只会通过调整与你的"关系"来进行适应，这可能是客气与敬而远之，也可能是当面顺从、背后却牢骚满腹。这些间接的反馈方式，都让你很难直接地体会和觉察到你的说话方式的问题。

◉ 为何人生不断重演

"辩论冠军"大 N，学成毕业后，选择进入高速发展的行业，她喜欢其中的节奏。管理这样工作的上司，一般来说都是蛮有"控制欲"的人物。上司的嘴里总是："快快快！""抓紧，照我说的做！"虽然不爽，却无比熟悉。大 N 喜欢和小伙伴们一起，为了一个新项目争论得面红耳赤。她的据理力争和伶牙俐齿总是能有显著作用。

"老好人"小 N，经热心的阿姨介绍，嫁给了一个像爸爸一样，经常出差的爱人。她喜欢这种相安无事，又不那么靠近的感觉。偶尔，婆婆会来家里帮忙处理一些家务。婆婆虽然不好意思对小 S 说："照我说的做。"但举手投足间都流露着那份妈妈般的"快快快"。婆婆问小 N 吃什么，她也总是回答"随便"。婆婆会按照自己的喜好准备餐饮。对于自己不爱吃的餐饭，她会用托词"不舒服"而少吃，等婆婆走后再偷偷点一个外卖。遇到一些家事需要商量，小 N 给老公电话，她也会听到那句熟悉的："听妈妈的吧。"

读到这里，有人可能会问："不会吧？大 N 这么不喜欢被指挥，为什么不去找一个自由而宽松的工作呢？小 N 遇到一个这样的婆婆会不会是纯属巧合？她为什么不找一个有主见的老公呢？

细细研究，你会发现大 N 其实认同人生就该像妈妈那样"威风"与"快快快"。慢吞吞的妹妹一直不被姐姐看好，大 N 已经喜欢上这种据理力争之后的胜利感。她对自己的说话方式被不被同事喜欢这件事无所谓，只要业绩好，晋升也就近在咫尺。如果换成另一种慢吞吞的工作节奏，来一个说话让人如沐春风般的领导，她反而不知道如何应对。而她的上司心里也非常清楚，能适应这种快节奏的员工，多有点小脾气，在业绩面前，这点"对着干"又算什么。

小 N 虽然对"强势"感觉并不舒服，可是不和婆婆生活在一起，偶尔"遭遇"一下，对"打惯了太极"的她来说简直太容易了，很好应付。小N读书时也曾经喜欢过一个很有主见的男生。可是当年，面对每次约会都说"随便"的她，他们的关系慢慢就冷下来了。小N虽然伤心，却从来没有去问过为什么。她现在的老公，话不多，他们夫妻俩总隔着一点距离，虽然没有热烈，同样也没有冲突，这反而让她很安心。

于是，我们靠着各自习惯的方式不断重复上演着不变的"人生剧本"。

◉ 情境引发改变

大N凭着优异的成绩升职了。在《新晋主管沟通训练》的课堂里，她依旧是那种辩论冠军。她的思维敏捷，认真努力。积极地回答老师的提问，参与讨论。然而在沟通的模拟演练中，她却开始遭遇前所未有的挫折。在一对一的下属辅导实战模拟练习中，大N坐在主管的位置上，面对她的"下属"（由另一个学员扮演）提出的"不知道该怎么干"的问题，束手无策。

对话一开始，"下属"就开始抱怨自己的工作难度太大，公司制度不合理，不知道怎么干。大N还没问清楚问题，就根据自己的经验给出了建议。没想到这招根本不好用，对方开始抱怨说："这样根本不行，我觉得你说的不对。"这时候，大N突然来了情绪，脱口而出："你就照我说的做！"对方立即反击："凭什么！"听到这几个字，大N瞬间僵住了。对于学习过的技巧和方法，自己都用不出来。这个对话如此熟悉，只不过此刻，她变成了自己曾经最抵触的那个人；而对面的"下属"，分明成了她自己。

一个温暖的午后，小 N 因为产后抑郁走进心理咨询室。她的宝宝出生后，公公婆婆前来照顾，本来她自得其乐的小空间里，突然变得很拥挤。身体的疲惫，加上和婆婆因为照顾孩子而产生的众多分歧，令她不堪重负。当她不得不去表达自己的决定时，总是表达得困难重重。令她雪上加霜的是，丈夫每到自己需要支持时，就会说出那句熟悉的："听妈妈的吧。"小 N 出现了严重的抑郁症状，不得不求助于心理咨询师。

| 新情境 | ➡ | 旧的沟通方式 | ➡ | 无效 |

图 26-2　自动导航系统失效

当我们的人生获得了成长，来到新的阶段时，我们一定会面临新的挑战，遇到新的人，承担新的任务，扮演新的角色，与此同时，迎来新的对话情境（如图 26-2 所示）。对大 N 来说，自己单枪匹马，靠的是个人贡献，而要想成为管理者，则要靠团队协作。她去影响他人的能力，就变得更加重要。小 N，升级为人母，在大家庭里，面临"儿媳""妻子""母亲"多个角色，仿佛一夜之间，就需要面对如何提升有效表达自己、多方协调的对话能力。而小夫妻两个人的磨合，才算是真正的开始。没有孩子的时候，他们都还是孩子。做了父母，又该如何"说话"？

给自己一个"语言整理窗"

图 26-3　语言整理窗

✓ 打断旧的语言自动导航系统

　　若我们的谈话方式遇到挫折，无法应对当下局面，此时旧的语言自动导航系统就面临着巨大的挑战。就如大 N 在沟通训练的课堂上瞬间"僵住"。她突然看到了自己的样子。突然意识到，自己与别人沟通时的模式竟然和母亲一模一样。这种意识，就是对我们"自身问题"非常宝贵的觉察。同样小 N 在抑郁中，经历痛苦，来到咨询室，在咨询师的帮助下，意识到自己"无法表达"的自动导航。这都会对我们的未来产生重要意义。自动导航的觉察往往要遭受痛苦和挫败，自动导航的改变也没有那么容易。因为你的自动导航，是积年累月产生的一种巨大的惯性。要想让它彻底停用，就需要我们对自动导航在过去的意义和价值，以及在当下的不适应的原因，都有所分析，获得领悟。这个领悟，是在对话整理窗中完成的（如图 26-3 所示）。

✓ 不调"台词"调"剧本"

很多人遇到沟通的问题，去学习了很多技巧方法，回来发现，自己用不上或用不了。即使照着说了，也没有产生预期的效果。这是为什么呢？因为，沟通的技巧只是"台词"，而内在的模式是剧本。如果剧本没有改，台词是很难有大的变化的。

人生剧本的修改有很多方式，心理学是其中一个很好用的方法。我们打个比方，把整理内在剧本的过程，叫作进入"对话整理窗"。那么都有哪些常用的心理学方法可以完成对自我内在的整理呢？

- **精神分析法**：精神分析是传统的心理咨询和治疗技术，也是一种人格的解读模式。在精神分析的整理窗里，会对你过往的人生经历做一个详细的梳理，特别是你的一些童年经历和重要的抚养人对你的影响。在精神分析的整理窗里，大 N 与小 N，会分析自己和母亲之间互动的方式、带来的感受、压抑的负面情绪以及父亲、母亲相处模式对自己现在婚姻的影响等问题。这种方法会让你对自己的"说话方式"的由来，了然于胸。

- **行为认知法**：认知行为治疗是非常理性的一种整理方法。在这个沟通整理窗里，把我们的信念分为了表层信念、中间信念、核心信念几个层次。这足以帮助你梳理自己的想法、价值观以及对自己的内在态度。很有可能这其中就会有导致你沟通失败的一些非理性的认知。把这些认知调整好了，说话的方式自然就改变了。

- **书写整理法**：还有众多的心理学流派，都可以给到大家多种多样的整理方法。我们比较常用的，自己就可以操作的，莫过于书写的整理。书写，就是由自己来写。把自己的感受、想法、念头等都转化成文字。书写是与自己的内心对话的过程，写清楚自己的"心事"，自然也就能说好心里话。

所有的对话整理过程，都是为了打破旧的语言自动导航系统，获得拓展性的体验和认知，为掌握新的说话方式做好准备。

✓ 在情境中实现"逆袭"

当一些新的对话挑战来到我们的生活里，或者一些痛苦的对话反复重现时，都会唤醒我们大量的体验。在你成功地觉察并打断自动导航，完成在沟通整理窗的整理和反思后，这还不够，最重要的是我们要输出新的沟通行为，去解决现实的对话问题。而新的沟通行为，一旦经过实验，成功了，产生了新的效果，那么这个行为就会不断被奖励和保留下来。你也就实现了语言自动导航系统的全新升级。你变得越来越会沟通，增加了应对社会和人际的灵活性。

■ **自动导航刻意练习任务书** ■

　　观察你的父母处理压力的方式，尤其注意他们怎么说，怎么做。同时看看自己在压力中的模式，有哪些是类似的。

父母的处理方式	我的处理方式

攻略 *28*

心灵整理窗：书写，与心对话

> 语言向外，言如其人，我们是谁，就如何说话。书写向内，文如其人，我们如何对待自己，就如何写字。

书写情感的力量

书写是一门古老的手艺，而人们把书写应用于心理治疗却是20 世纪 80 年代才有的事。美国的心理学家做了一项研究，招募在校的大学生作为被试。研究者邀请其中一组书写各自的创伤经历，而另一组大学生则作为对照组在同样的研究环境下写一些规定好的简单的话题，例如，宿舍、穿的鞋子等。

书写自己经历的一组学生得到的指导语是：

当你被送进这个书写小屋，从门被关上的那一刻起，我就想邀请你连续地书写一段人生当中，让你感到最不安、最具创伤性的经历，不要担心你的语法、拼写以及句子结构，你只需要讨论这段经历在你内心深处的想法和感受。

两个小组的学生，都被安排在一天中的同一时刻和相同的地点，用同样的主持人，在相同的时间内开展这项书写活动。唯一的不同就是书写的内容，一组写的是内心最深处的想法，另一组写的是一些不太有趣的主题。研究的结果有一些出人意料，与对照组的大学生相比，书写创伤经历的人发现书写完成之后，他们的悲伤和焦虑感明显增强，学生们把这种感受比作刚刚看完一部悲伤的电影，书写这些情感话题并不能立刻带来情绪上的放松和愉快感，但就长远的数据来看，对照组的学生因为疾病到学生健康中心求助的人数是实验组的 2 倍。书写能够产生更强大的自我价值感和意义感，学生不仅在问卷中表达了这一点，当他们在校园里遇到詹姆斯老师的时候，还会对他表达真诚的感谢。

在俄亥俄州迈阿密大学的实验室，新西兰奥克兰医学院以及其他地方都发现了情感写作与免疫功能增强有关。人体免疫系统功能的强弱取决于个体压力的水平，你可能会在写作后很短的时间内感到难受，但从长远来看它却会给你带来积极的效果。多项研究发现参加过这种表达性写作的人与写作之前相比，他们感到更快乐，没有以前那样消极了。在写作之后的几个星期和几个月内，他们的抑郁、反刍思维程度下降了，焦虑情绪减轻了，这个书写的过程使其的整体幸福感得到了提高。对大学新生来说，写作可以帮助他们更好地适应新环境，他们有了更大的力量去应对社交生活。愿意与别人打交道也更乐于融入集体。

心灵书写的日益流行

- 现代社会节奏快、压力大，使人们有了很多人际冲突和情感问题。书写是一种性价比最高的疏导情绪的方法。书写会帮你度过情绪的风暴，恢复心灵的平静，从而提高免疫水平。
- 我们的人生会经历很多阶段，初入社会、生儿育女、中年危机、走向死亡。朋友缘聚缘散，亲人也会分离。书写可以一直陪伴你。写作让我们和自己在一起，是我们最忠实的听众和朋友。
- 心灵的书写可以让我们学会了解自己，觉察情绪，探索自己。表达那些我们不敢表达的，在书写中一步步澄清自己的期待和愿望。

我们习惯了关注外面的世界，远远地超过关注自己。向外看时，我们总是在比较谁怎么样，在担心谁怎么看我。而书写是一个向内回望的过程，关注着"我想要什么""我不想要什么""我喜欢什么""我害怕什么"以及"我在逃避什么"。

我们不需要成为作家、不需要写宏伟的故事。当我们学会书写生活的点滴小事时，我们慢慢也会学会享受生活，与外在纷扰喧嚣的世界保持一张纸的距离。

基本的书写方法

- **书写工具**：用纸笔进行书写是传统的书写方式，随着电脑、手机终端的流行，使用键盘敲字，也可以达到书写的效果。很多人问，使用语音工具进行文字转换可行吗？一般来说，这样的效果并不好。因为当你使用录音工具，进行录音时，你其实是在进行一种"对外沟通"的行为。对外讲话和对内书写的感觉是不同的。

- **书写时间**：建议每日安排固定的时间及固定的时长进行书写。基本的写作方法是每天写 20 分钟。即使一开始的时候有难度，你也要从至少 5 分钟开始写起来。如果写作结束时已经超过了 20 分钟也很好，但第 2 天你仍然需要至少写 20 分钟。

- **书写主题**：你可以在一段连续的时间里写同样的主题，例如，大学毕业生可以连续写一写有关自己职业选择的内心想法。也可以在一段时间内，每日更新不同的主题。如果抛开主题，你想自由自在地写作，也可以根据自己的感觉直接抒发。直接抒发的方式，一般叫作自由书写。自由书写最重要的是笔不能停，一直连续写下去，写错也不要停下来，不要担心书写或语法的错误，也不要修改你的用词，担心错别字和标点符号的问题。因为我们的文章并不是给读者看的，也不是要登到书刊报纸和杂志上的。我们只是为自己而写。

- **书写引导**：很多时候你可能一时间难以下笔，不知从何说起。你可以尝试使用以下一些引导词，从这里开始写下去。

  "此时此刻……"

  "我看到……"

  "我的房间里有……"

  "我是……"

  "我想起……"

  "刚才……"

- **情绪失控**：如果在写作的过程中你感觉到自己有一些情绪失控，你是可以不写下去的。不要强迫自己去触碰一些难以解决的话题，等你做好了准备，它们可以自然流淌出来的时候，再去写它。如果写作会让你感觉到情绪非常糟糕，或者激发了一些危险的想法和危险的行为，你需要尽快与他人倾诉，寻求专业的帮助。

- **情感积极**：适度地表达消极的情绪，有时候我们的心里就会轻松了很多。但如果在写作上只是一味地发泄消极情绪，也容易陷入自怨自艾的漩涡，反而越写越消极。消极的情绪还会阻碍你在写作中对于一件事情的看法和理解。所以尽己所能，更多地去抒发一些积极的感受和积极的情绪，争取从正面的角度去理解和解释问题。

在书写中的自我整合

✓ 看笔迹

如果你是用纸笔来写作，你从每天写作的页面的整洁度、字体是不是潦草、字体的变化中，都会体味出自己的不同状态。很多人随着痛苦经历的书写和转化，他们的笔迹会变得更加刚劲有力。当我们心烦意乱的时候，笔迹自然也会变得非常潦草，有非常多的涂抹痕迹。

✓ 看内容

如果在一段时间内回望你书写的所有内容，你会了解自己的心理发展历程。例如，在某一段时间，你是否经常书写某一类话题？你对某一个具体的话题，在一段时间内前后是否发生了一些理解上的变化。特别是当你对一些重大的事件持续不断地进行记录的时候，半年后，一年后，你会发现你走完了一个完整的心路历程。

✓ **看变化**

书写是为了我们内心的成长，而内心的成长一定能够反映出现实的变化。你是否更爱笑了，睡眠质量是否提升了，感觉自己是否更健康、更有力量了。你可能会感觉自己不那么急躁了，日常生活中的争吵减少了，你更能体会到与他人坦诚开放的关系，更容易集中精力完成工作，更关注生命的意义。

✓ **转换人称和视角**

当我们将第一人称"我"，改为第三人称，叙事口吻就发生了微妙的变化，你变成了一个"局外人"去书写自己身上发生的事。第三人称视角更有距离感，我们可能会有一些意想不到的惊喜发现。你也可以将第一人称和第三人称的写作同时进行，例如，我们可以在前 10 分钟用第一人称写作，而后 10 分钟用第三人称写作，你观察这两者的区别会有什么发现？

书写的自我进阶

✓ **自由书写**

自由书写，不是随便书写。懂得精神分析"自由联想"的朋友，能很快找到"自由书写"的要义。我们的书写习惯在上学时经过常年的规范，已经形成了刻板的框架。而自由书写是要打破这样的习惯，让你和自己的潜意识相连。因为要修通内在对话的前提，是你要找到通向内在的路。自由书写训练的目标是，你要有能力"笔随心动"。哪怕跃然纸上的这颗心，会让你大失所望。训练自由书写的过程，也是打破自我防御的过程。

一支笔，帮你卸下所有的盔甲，走上回家的路。

✓ 自我观心

自我观心是通过心理学方法、通过书写进行人格重塑。语言，是可视化的人格碎片。在书写中，无意识地组合语言的方式，也是人格建构的方式。通过一系列主题和方法，我们的目标是：

把内在失调型的对话书写转化为成长型的对话。

内在自我对话的失调可以概括为三种：缺陷型对话、冲突型对话、无序型对话。缺陷型对话更多地指向了自我的怀疑，否定，攻击。冲突型对话是指人会更多地陷入非此即彼、无所适从的境况中，出现价值冲突、身份障碍的问题。而无序型对话要更复杂一些，内在自我的建构程度低，导致了大量内在对话的杂乱无章。无序型对话要完成自我修复比较难，可以配合心理咨询一并进行。

我们在书写中，日益成熟。

✓ 自主创作

穿越内在的重塑，你终于可以自由发声。此时，你如果爱上了书写，期待可以创作自己的作品，并面向大众发布，你自然就走到了自主创作的阶段。而自由书写、自我观心的方法已经进入你的无意识，可以任你自由运用。

你可以成为自媒体创作者、作家、编剧或者诗人，书写的同时也获得社会化回报。获得社会化的回报是自由书写与自主创作最大的区别。创作不仅是你自由的表达，更重要的是，要让创作为你铺展进入社会、寻找位置和拥有身份的道路。人的成熟，终归不是自说自话。

抑或者，你已经是一名在社会上获得成功的书写者，相信自由书写，自我观心，依旧可以让你经由心灵的蜕变，而使你的自主创作，再添华彩。

行至此处，你已不再那么需要和依赖说话。

因为书写，已经是你独特而丰富的表达。

■ 自由书写刻意练习任务书 ■

请按照本章介绍的方法，尝试开始书写体验。每天 20 分钟，坚持一周。看看有什么发现，把它们记录下来。在书写时，如果你无从下笔，可以使用以下的引导语作为开头。

此时此刻 _____

我看到 _____

我的房间里有 _____

我是 _____

我想起 _____

刚才 _____